朝鮮出身の帳場人が見た

慰安婦の真実

文化人類学者が読み解く『慰安所日記』

崔 吉城

広島大学名誉教授・東亜大学教授

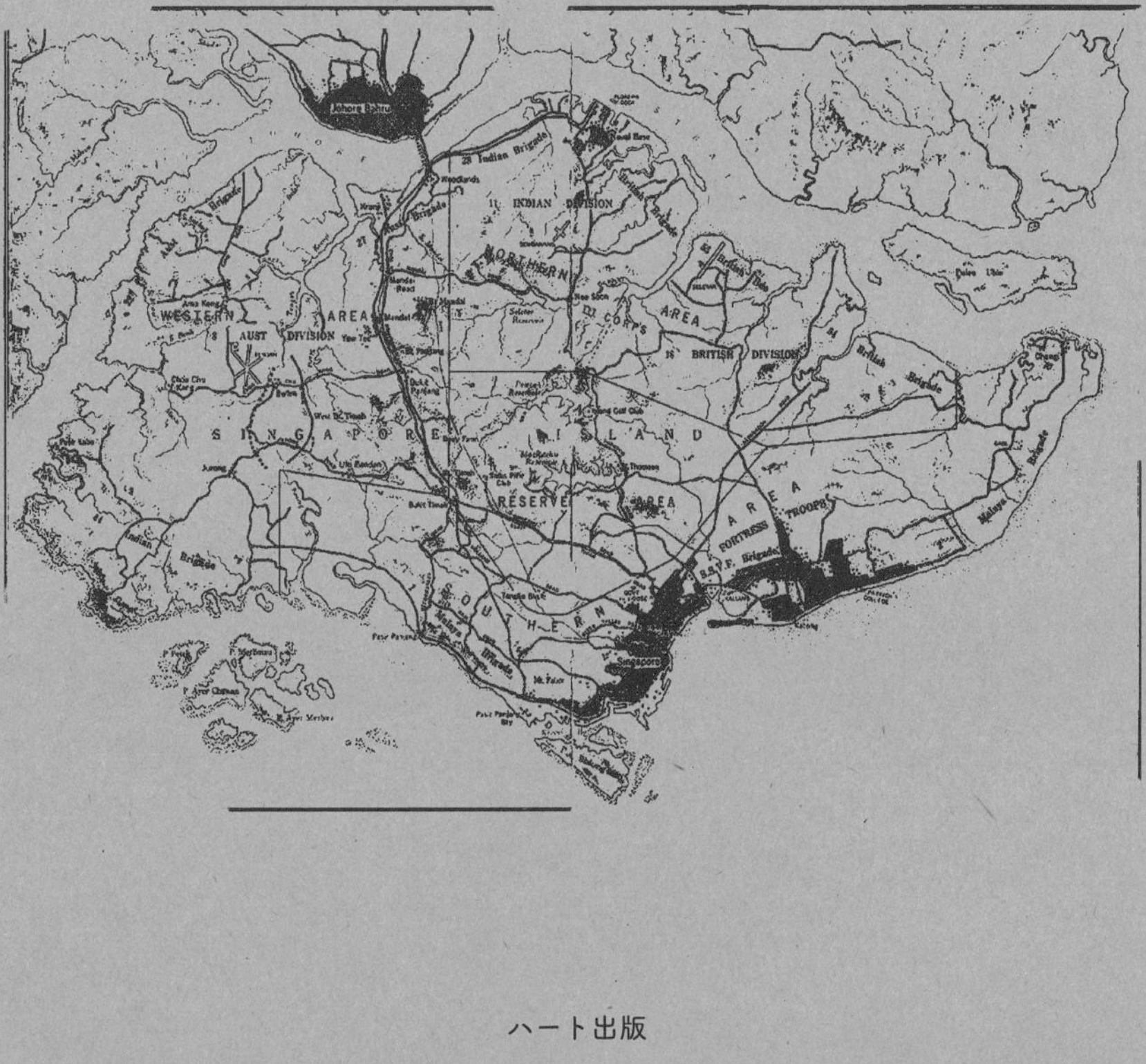

ハート出版

はじめに

私は日記を書いて久しい。ただ、日記とは言っても、全くの私事に限るものではなく、学会史的なものも書いているし、恥ずかしいことも書いてある。中には紛失してしまったものもあり、それを誰かが拾って読んでいるかもしれない。それを考えると心が痛い。

このように、「他人の日記を読む」ということは、いささか残酷なことなのかもしれない。しかしここで私は、ある人物の日記を読み、それを分析しようとしている。

この日記は、戦地の「慰安所」で「帳場人」として勤めた人のものであり、いわゆる従軍慰安婦問題を理解する上で、最も価値あるものである（「帳場」とは、商店や旅館・料理店などで帳簿付けや勘定などをするところ）。日韓における慰安婦問題が解決した時には、このような資料は全く価値を持たないのかもしれないが、それでもこの日記は、少なくとも日本植民地時代の朝鮮人の生活史を知る上で貴重なものであり、戦後の歴史観のバイアスがかかっていない一次資料として、大変に貴重なものだと思っている。

この日記の現在の所蔵者は、今日《こんにち》のような日韓関係を懸念して、この日記の公開を控えたり、宝物のように一瞬だけ見せたりしている。だが、日記を書いた人の本意を読みとろうとすればするほど、この日記が、資料として公開されることを考えて書かれたように思えてくる。だからこそ、この日記を読み解くという作業も、あながち日記を書いた人に無礼なことではないのではないだろうかと考えている。

日記は万年筆で書かれており、そのインクが濃くなったり薄くなったりしていることから、彼が、毎日日記を書いたのか、二、三日まとめて書いたのかがわかる。日記の言語は、ハングルと、日本語の漢字や平仮名、片仮名まじりで書かれている。日本の植民地教育を受けたとはいえ、彼の日本語の使い方は、私が使う日本語と似ている。つまり、濁音や長音など、私と同じように間違っていることが多いのである。その意味でも、私のような立場の者が翻訳しやすいのではないかと思った。

日本は、戦争と植民地化によってアジアに大きな損害を与えたとされ、その責任が、国内外でたびたび問われている。そうした、戦争の負の遺産は、戦後の国際関係にも大きく影響を及ぼしている。戦争や植民地化が終戦によって終わっても、それはその後も負の遺産、いわゆる歴史認識の問題として残り、現在にまで関与し続けている。特に日韓関係においては、それが顕著である。しかも、そうした「悪い状況」を、反韓・嫌韓として売り物にする者が多い。こうした様々な負の遺産の中でも特に、日本の将兵が慰安所を利用した事実、慰安所や慰安婦の問題が、不和の根元になっている。

私は、朝鮮戦争での体験に基づいて、戦争と性に関していくつかの論文を書いたり、講演・講義をしたりしている。それらは戦争中の、特に交戦中の兵隊の性の問題に関するテーマという点では、本書とも共通する。例えば、『恋愛と性愛』（早稲田大学出版部、二〇〇二年）で「韓国における処女性と貞操観」として発表したのをもとにした論文が、比較家族史学会の学会誌に「韓国における性と政治」として掲載されており、『アジア社会文化研究』二号には「朝鮮戦争における国連軍の性暴行と売春」（広島大学大学院国際協力研究科、二〇〇一年）が掲載された。また、『韓国の米軍慰安婦はなぜ生まれたのか』（ハート出版、二〇一四年）という著書もあり、本書は、それらの研究と対になるものである。

本書を出すために、共に日記を読んでディスカッションしてくれた読書会のメンバー、倉光誠氏による翻訳、礒永和貴氏の注釈にも、多くお世話になった。また、現地調査や執筆に当たり、最後まで相談役と文の校正などをしてくれた伴侶の幸子、そしてハート出版編集部の西山世司彦様、編集長の是安宏昭様には、並々ならぬお世話になりました。皆様に感謝しながら筆を置くことにする。

目次

序章　――「慰安婦問題」とは何か

いわゆる「従軍慰安婦」の問題が、日韓関係上で不和の火種になっている。この最悪の日韓関係の中で、反日や嫌韓などの書物が氾濫している。私は、そうした類《たぐい》に加わるのではなく、戦争とセックスの関係、性と政治が深く関わっている韓国社会を理解するために、より根本的な問題に挑戦している。単に日本を責めるだけではなく、他の多くの国家、様々な戦争などを通じて性を考察することが、私の研究テーマである。その脈絡から、つまり、「戦争と性」「韓国社会と性」に関するものとして、この問題を考えたい。

戦争とセックスに関する私の考え方の原点は、一九五〇年の朝鮮戦争にあり、私が一〇歳の時の体験にある。そして、韓国の味方であるはずの国連軍によって行われた婦女暴行が凄惨を極めたのを、私は体験的に知っている。

私の生まれ故郷は、儒教的な倫理観が強かった村であったが、戦争という不可抗力と、性暴力の恐怖によって、住民たちは売春婦、つまり「米軍慰安婦」を認めざるを得なかった。

国連軍は平和軍であり、共産化、赤化から民主主義を守ってくれる天使のような軍だと思われていた。だからみんなが手を振って迎えたのに、村の女性に性暴行するとは、思いもよらないことであった。その国連軍に翻弄された小さな私の故郷の村は、売春村となった。

人間の性欲は満足させるか、抑制させるべきか。性欲には極端な快楽性があり、時に犯罪の源にもなっている。現代でも、繰り返される痴漢騒ぎと、それに対する「女性専用車両」など、男性を危険視し、あるいは非人間化する傾向がある。多くの宗教は禁欲主義的でありながら、人間社会の基礎である性を完全に抑制することはできていない。

満足か抑制か。前者の例は遊郭などでの売春であり、後者の例は去勢による宦官《かんがん》制度である。遊郭＝廓《くるわ》などは離脱的な文化であって、戦争期などには、より乱れる現象がある。だが、売春は性を乱れさせるだけのものではない。先述したように私の故郷では、売春婦たちによって、一般の女性たちが性暴行を免れることができた。いま問題となっている慰安婦問題にも、そうした側面があったのか。つまり、売春によって性暴行を防ぐためのものであったのか。あるいは、それ自体が性暴行、性奴隷であったのか。こうしたことを検討しなければならない。

では、もう一つの側面である、性欲の抑制、禁欲についてはどうだろう。家畜に施す去勢が、人間にも有効なのであろうか。実際、人間に対する去勢が制度として成り立っていた地域もあった。李王朝の宮中には、去勢された男の「内侍」が存在した。

私は、日韓間の政治的な葛藤の問題も、性の認識に対する根本的な差があると思う。それは、韓国はセックスについての貞操観を主張するのに対して、日本は性を満たすような点があり、このあたりが対照的に感じるのである。そして、それをあえて政治に利用しているのではないかと思っている。

性は、夫婦愛や恋愛といった次元で管理されることが多いが、若い成年男性に性欲を抑制させることは難しいものである。ましてや、死と闘う軍人に性欲を抑制させるのは、ことさらに難しい。いま問題になっている慰安婦などがその例である。性交自体は犯罪行為ではない。社会や時代によっては、男性が女性をある程度強く誘うということが許されていたこともある。

今ここで、私は慰安婦問題を考える。私の興味あるテーマの一つである。だが、ただ単に社会的な風潮やブームに乗ろうとするわけではない。かといって、私が時宜的な状況を全く知らないわけでもない。そこに共感できるという意味では、時宜に便乗する形になっているかもしれない。しかしそれは、表面的な次元ではなく、深層に、そして真相に迫っていくべきだと思う。広く深く、人間の根本的な普遍性に迫って、戦争や性犯罪を考察したいのである。

この「慰安婦問題」がソウルの挺身隊協議会に申告され、初めて報道されたのは一九九一年一二月二日であった。これが韓国の反日感情を高調させたのは当然である。

日韓関係は、良い状態も悪い状態も、それほど長く続かない。韓国の反日感情は主に、日本向けというより国内的なものであるが、それに日本が過剰に反応し、メディアを使って増幅させるという傾向が著しい。つまり、日本人が「逆輸入」して利用するということがいえるのである。これが慰安婦問題を難しくし、さらに一部の人間を面白がらせるという傾向さえある。

こうした状況の中、私はこの「慰安所帳場人」の日記を検討する。この日記は、ある朝鮮人が、終戦直前にビルマ（現在のミャンマー）とシンガポールで書いた日記である。個人の日記ではあるが、「慰安所日誌」ともいえるものである。先述の通り、私はこれを、慰安婦の本質を知る上で非常に貴重な資料だと思っている。

この日記については、日韓に相反する意見がある。韓国では、日本軍による朝鮮人女性の強制動員の決定的資料だとされている。しかし、この日記には慰安婦の募集の過程が書かれておらず、強制連行、軍が業者に強制して連れて行った、などということには、一切触れていない。この日記からは、それは読み取れないのである。だから、この日記をもとにした「戦時動員の一環として組織的に強制連行を行った」という主張は、早過ぎる結論である。

慰安婦問題に関する多くの戦争中の軍関連文書が発掘されても、慰安婦が日本軍の「従軍」であったという説には、なかなか納得いかない点がある。植民地化や戦争を行った大日本帝国の軍隊が、本当に軍の組織の中に慰安婦制度を作ったのだろうか、という疑問があり、戦時中の軍による文書を読んでも、そのあたりの判断がつき難かった。また、「慰安婦か売春婦か」という議論も古くからある。

そもそも「慰安」とは何だろう。慰安とは心をなぐさめることであり、「慰安旅行」という言葉は、いまだに使われている。戦争中は病院でも慰安をしたし、私は、傷病兵に慰問の手紙や慰問袋を送った事を覚えている。慰安婦関連文書の中にも、「慰安」と「慰問」の区別が曖昧なものは多い。また、元慰安婦たちの証言も、直接、間接的に聞いたが、完全に信頼するまでには至らなかった。私は、朝鮮戦争時に自分の目で中国支援軍、国連軍、韓国軍を観察した経験からも、そうした慰安婦関連文書に確固たる信念を持てなかった。

慰安婦と烈女

ここまで何度か、私の経験をもとに朝鮮戦争時の慰安婦について触れたが、実際には「慰安婦」という言葉は、全く使われていなかった。韓国では、「慰安婦」ではなく、「洋《ヤン》セクシー」「洋公主《ヤンコンジュ》」などと呼ばれた。

一般用語としては「売春婦」であったが、韓国で「慰安婦」が多く使われるようになったのは、恐らく日本からの影響であると思う。韓国では現在、慰安婦は被害者から愛国者へと変換され、民族的英雄のように銅像が建てられ、拝まれているが、実はその現象は、新しいものではない。日本人「倭」の犠牲になった妓生（キーセン）の「論介《ノンゲ》」が、民族的英雄、そしてさらに昇格されて、神になっている。慶尚南道晋州には、この妓生の論介を祀る堂「義妓祠」がある。彼女は、韓国を守るために敵の日本軍の武将を抱いて川に投身したと言われており、肖像画も祀られている。

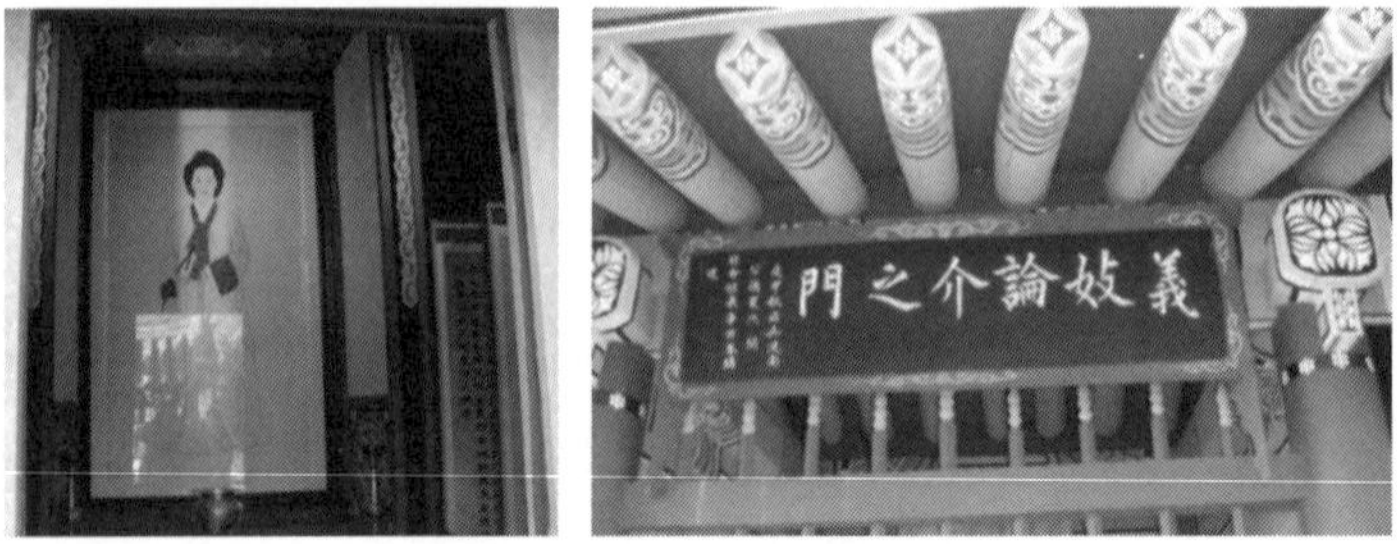

妓生の論介を祀る堂（慶尚南道晋州）

豊臣秀吉が朝鮮出兵した壬辰倭乱の時には、日本の将兵たちが朝鮮の女性の貞操を汚したことへの憤怒と怨念で、烈女門が多く立てられた（烈女とは、夫以外に性関係を持たない女性のこと）。それは、蒙古の侵略に際して処女を供出したことに憤慨した事と同様である。

だが、韓国では、儒教によって女性の貞操は強調された反面、男性に関しては、ほぼ放任された。私はここで、この韓国の歴史的「烈女」像の伝統から、慰安婦問題を考えてみたい。

日本の太平洋戦争は、植民地諸国の領域を越えて、東南アジアなど広大な地域に拡大していった。太平洋戦争の最終期に朝鮮は、戦場ではない後方（銃後）の地として徴用、徴兵などで動員され、ものや人が収奪された。それが戦後処理問題として残っており、現在まで日韓関係を難しくしている。慰安婦問題も、その一つである。

しかし、なぜそれが、植民地あるいは戦争被害の第一義的な、象徴的なものになったのであろうか。多くの韓国人は、少女像（慰安婦像）を見ながら、「女性の貞操を奪った日本人は悪い」と思い、場合によっては「許せない」と激しく非難する。本書の読者には唐突な話に聞こえるかもしれないが、私はこの少女像を見ながら、朝鮮王朝時代に女性の貞操を強調する政策として建てられた「烈女門」を想像するのである。烈女門は、当時の政治秩序と社会安定のためのものであった。

ではこの、少女、烈女、慰安婦は、何を意味するのだろうか。少女と烈女は貞操を意味する。私は、烈女門の変身として少女像を見ている。慰安婦は、貞操が犯された、汚れた女性を指す。それを日韓に相応してみると、日本は悪の植民者、韓国は善なる被植民者、つまり、悪の日本人が善なる韓国人の女性の貞操を奪ったということになるわけである。それは、反日以前の、原初的な韓国社会の特質といえる。

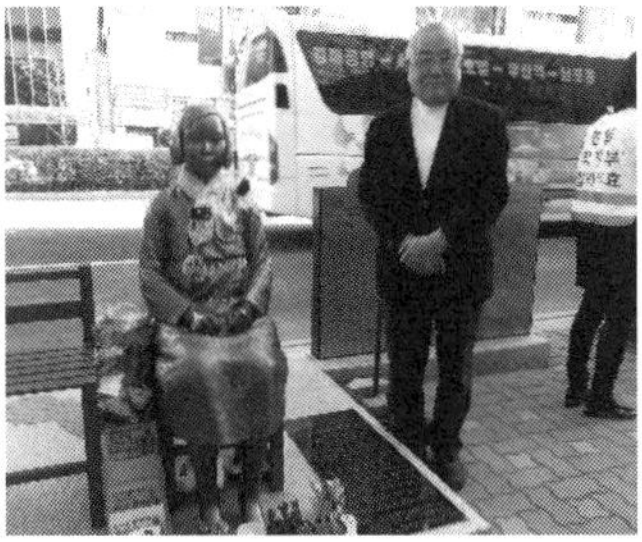
釜山総領事館前の少女像

韓国では最近まで姦通罪、貞操に関する刑法が成立していたが、これらは女性だけに強《し》いられた儒教的な貞操観である。戦前の植民地時代の朝鮮にも、姦通罪の刑法があった。日本は戦後になって廃止した。一方の韓国では、一夫一婦制の婚姻制度を保護して夫婦の間で貞操義務を守るようにするためのものであり、「廃止されれば性道徳が紊乱になりえる」として、逆に、一九五三年に新しく刑法を設けた。もちろん、「私生活の秘密、自由を過度に制限するので違憲だ」と、一方では反対意見もあった。そして、韓国の憲法裁判所は二〇〇八年二月二六日になって、その刑法の規定が憲法違反であり無効であると判決した。

平壌の妓生学校（絵葉書、民俗苑提供）

私は、慰安婦問題が登場する以前の韓国の教科書で、「モンゴルから侵略された時、女性供出を恐れ『早婚風習』が生まれた」と学んだ。また、壬辰倭乱（秀吉の朝鮮出兵）で倭が女性の貞操を蹂躙したということが、女性に礼儀作法を教える教科書の「内訓」にも書かれていた。つまり、当時の朝鮮の重要な国是の一つが、こうした「貞操」であったといえる。今の慰安婦問題も、根底には、このような性意識や貞操観が横たわっているのである。

儒教的な性のモラルでは、「一夫従事」すなわち女性にだけ夫への貞操が強調される。つまり、基本的には「女性に限って」、貞操を守ることを強調したのである。キリスト教の性モラルで、男性の禁欲が強調されているのとは違う。

私は、このような朝鮮社会の代表的な女性教育テキストであった『内訓』や『女範』等を分析して、批判的な見解を学会に提示したことがある。韓国人は貞操観が強いと思われているが、それは女性にだけ求められており、実際には男女差別を基礎としているのである。

ただ、こうした慰安婦問題を反日感情に載せると、国民統合や外交の効果が倍増する。だから政治家は世論を引き上げるために貞操感を持ち出す。そして、元慰安婦の人権を著しく傷つけたことへの誠実な謝罪が必要だと主張する人権主義者たちやフェミニストたちとも連携しやすくなる。

このように、韓国政府は常にセックスや性倫理を政治に利用してきており、今もそれが日韓において不和の火種になっているのである。

戦争の被害は多方面にわたるが、虐殺や性暴行などは、後々までも追及される。日本を取り巻く環境には、反日文化圏がある。私は、韓国、北朝鮮、ロシア、中国、台湾、東南アジア諸国を訪れるたびに、反日について見て、聞いてきた。中でも韓国の反日が、一番強く感ずる。それは植民地の歴史と戦後の国際関係によるものであろう。他の地域に比べて、朝鮮民族が初めて異民族支配を経験したというのが、大きな理由だといえる。北朝鮮より韓国の「反日」が強いのは、戦後の北朝鮮は「反米」が主であるからだろう。

元慰安婦たちの証言

私は、二〇〇二年五月三日、北朝鮮の平壌で開かれた北朝鮮主催の国際シンポジウム「日本の過去の清算を求めるアジア地域討論会」に参加した。海外からは日本人五七人、韓国人一二人を始め、中国、台湾、フィリピン、インドネシア、アメリカの七か国から約八〇人、特に韓国からは約八〇人の参加希望者があったが、結局、一部の選ばれた人が公費参加となり、「挺対協」（韓国挺身隊問題対策協議会）の名誉代表、尹貞玉氏を団長に、いわゆる活動家が初めて参加するという、画期的なものになった（台湾も一部、公費負担）。

中国、日本、インドネシア、台湾、フィリピン、アメリカ、そして韓国、北朝鮮、在日本朝鮮人総聯合会（朝鮮総連）、在米同胞の学界、法曹界、言論界、人権団体の人士と、関係部門の活動家など、八か国の代表、約三百人が、平壌にある人民文化宮殿の国際会議場に参集した。これらの団体は、慰安婦問題をもって南北の対日民族運動にするという。

会場には三周円のテーブルが配置され、全ての会議は同時通訳システムで進められた。朝鮮語、日本語、英語、中国語で通訳されるが、これらはいずれも朝鮮語への通訳であり、英語から中国語などは、基本的に英語から朝鮮語を介して通訳される間接通訳であったので、その場合は時間がかかり、内容も正確とは言えないものであった。通訳員は全部で二〇人ほどであった。私は会議が終わってから、彼らと記念写真を撮った。「労働新聞」「青年朝鮮」などの新聞記者たちが取材していた。

主催国の朝鮮民主主義人民共和国「朝鮮従軍慰安婦および太平洋戦争被害補償対策委員会」の洪善玉委員長が、初日の冒頭で基調報告を行った。次に被害者たち、日本軍性奴隷被害者（北朝鮮三人、韓国二人、フィリピン、インドネシア、台湾のムロ湾から各一人）の計八人、強制連行被害者（北朝鮮二人、韓国一人）の計三人、合計一一人が三時間半に及ぶ証言を行った。その主張は以下の通りである。

2002 年 5 月 3 日、北朝鮮の平壌で開かれた
「日本の過去の清算を求めるアジア地域討論会」

『日本はアジア人民に想像を絶する反人道的罪悪を犯したにもかかわらず、特に朝鮮に対してだけは、過去の清算を全く放置したまま敵視政策を終始一貫し、日本に住む朝鮮人とその子孫たちに苛酷な民族的差別と弾圧行為を続けている。今回のシンポジウムでは、日本の過去を清算して本当の社会的正義を確立し、日本帝国主義による被害者たちの名誉と尊厳を回復するための戦いとして、さらに一歩前進することを期待する。特に、慰安婦については、日本帝国主義が朝鮮で約二〇万名の若い未婚女性と婦人を白昼に誘拐、拉致して「皇軍」の性欲を満たす奴隷にし、最後にはその大半を残酷に虐殺した。日本軍の性奴隷犯罪は、世界戦争史に類例の見ないものである。

これまで朝鮮で掌握された日本軍の「慰安婦」の生存者は二一八名で、公開証言に名乗りを上げた女性は四七名であり、そのうち二一名は最近、死亡した。これらのことは、被害者の生存者と目撃者の証言、特に咸鏡北道清津市清岩区域芳洞と咸鏡北道清津市羅南区域豊谷洞で発見された日本軍「慰安所」などを通じて立証されている。

この二か所の軍「慰安所」の形態とその設置経緯、証言の内容を総合分析して見ると、日本軍性奴隷制度の発生地が朝鮮であり、その被害者の大部分が朝鮮人であり、軍慰安婦の供給源が朝鮮であった。特に、最近公開証言に同意して名乗りを上げた徐忠女は、一九四四年から終戦まで日本帝国主義により日本軍「慰安婦」として連れて行かれる前に「訓練」を受けたと言う。これは、極秘密裏に実施された日本軍性奴隷制が、大陸侵略遂行の過程に政策化され、組織的に行われたことをよく示している』

続いて、日本人の弁護士、土屋公献氏が基調講演で、中国もインドネシアも、朝鮮民主主義人民共和国の被害者にとっても、事態は何も変わらず、日本政府は「謝罪と補償をしていない」、これは間違った政策であると指摘した。

次に、いわゆる従軍慰安婦たちと、強制労働させられた被害者たちの証言が行われた。その女性たちは泣き叫びながら、一九九八年七月に日本政府の予算と一般国民の募金によって発足した「国民基金」などの民間基金による支援を断ったこと、直接的に日本の政府が公式に謝罪して賠償することを訴えた。

私は、会での証言や、労働新聞によるインタビュー記事を読んだ。また、慰安婦たちと直接話す機会も得た。だが、いずれも「さらに迷い込んだ」というのが実感であった。

彼女たちの証言は、次のようなものである。（※引用部の傍線は筆者／以下すべて同じ）

「もう待てない、手伝って下さい！」――鄭《チェン》陳桃《チェンタオ》さん

〈台湾の元「慰安婦」被害者、八〇歳〉〈発言は日本語で行われた〉

わたしは、台湾から来ました。私は一八歳の時、中学校一年の時、ワタナベ警察から引っ張られて、アンダマン（インド洋の島、当時英領）まで行きました。それでアンダマンで一

年二ヶ月おって、その後、ジョホールバルまで来ました。それで、ずーとジョホールバルにおって、降伏後に台湾まで帰ってきました。台湾に帰ってきたらね、家の人が一人もいないから、それで、あたし一人で、あっちこっち仕事さがして今まで暮らしてきました。もう、わたしは八〇歳になりました。いま仕事ができないから、それを、こんなことをね、あなたたちにお願いして……（涙）お願いしてね、手伝って早く解決してくれるようにお願いします。

もう台湾のおばあちゃんたちはね、もう八〇以上の年寄りのおばあさんたちばかりです。歩けない人もおるし、それはわたし代表して来ました。もう六五年前のことを話したら、とてもほんとに悲しいことです。若いあなたたちに話して……わからせる……。でもわたしたちは八〇以上のおばあちゃんだから、まだ待たれないから（もう、待っていられないから）あなたたちにお願いします、手伝ってください。（拍手）

ありがとうございました。

なお、当日の配布資料には次のように書かれていた。

私は、一九二二年一一月一四日に、台北で生まれました。父の名は陳清河、母の名は陳江玉霞です。私が三歳のとき母が亡くなり、父は再婚しましたが、私は継母に殴られたり罵られたりしました。父は、あちこちで働きながら家族を養ってくれましたが、その父も、私が七歳の時に亡くなりました。以後は、継母と叔父に育てられました。

小学校を卒業し、私は中学（高等課）に進みましたが、戦争が始まったので中退しました。私が一六歳の時、叔父と継母が、私を台北近郊の板橋の林金という人の家に養女として売りました。林金は、私に客を取って稼ぐように言いましたが、私が「お酒の相手ならするが、客を取るのは嫌だ」と拒否したところ、台南の塩水の柯鼻という人に売られました。柯鼻は、「月津楼酒家」という酒場を経営しており、私はそこで酒の相手をする女給として働かされました。

一七歳から一八歳ころ、新竹の叔母のところに逃げたことがありますが、結局は連れ戻され、また働かされました。一九歳の時に、柯鼻は私を魏という姓の高雄の男に売りました。私は読み書きができたのですが、魏と魏の妻は、読み書きのできる看護婦の助手が必要だと言って、私に、二年間の約束で、アンダマン（インド洋上の島）に行くように言いました。私を含め二一人の女性が一軒の旅館に集合し、一週間程待機していました。そして、一九四二年六月四日、高雄から日本の貨物船に乗って出発しました。途中、ペナンに寄った後、アンダマンに上陸しました。

アンダマンは小さな島で、海岸線には日本軍の基地があり、現地の人は山間部に居住していました。日本人と現地の人との交流や接触は一切ありませんでした。近くに集落と言えるものもありませんでした。私の印象では、二〇〇〇人くらいの兵隊が駐屯していました。部隊名は、石川部隊と言い、イ一一九あるいはイ一一七の番号がついていました、基地には囲いはなく、軍用の建物がいくつかあり、その中のひとつが私たち女性用として割り当てられました。この建物には二四部屋がありましたが、先に来ていた女性もなく、アンダマンに到着した女性は一八人だったので、全員に各部屋が割り当てられました。私の部屋は三号でした。

上陸後すぐには何もありませんでした。しかし五日目くらいに、魏の妻が私たちを集めて、そこが「慰安所」であることを話しました。魏の妻は、「金は払っている」「親には話してある」と言いましたが、魏の妻に食ってかかりました。私も他の女性たちも話が違うと言って、皆納得せず、魏の妻は、大隊長を呼んできました。大隊長は脅すように「慰安所」なのだから諦めるように私たちに言いました。魏の妻は、今度は哀願調で、「諦めなさい」と諭しました。私たちは怒り、憤慨し、悲しみましたが、周りは海ばかりの離島で、逃げることもできませんでした。

ここでは、女性は番号を付けられ、互いにその番号で呼ぶように言われました。また私は、「モモ子」という日本名を付けられました。魏の妻が管理人も兼ね、もうひとり日本人の老女がいました。軍人は、管理人のところで札を買い、それを持って部屋に来ました。私は、前借金があるという理由で、お金をもらったことはありませんでしたが、軍人からチップをもらうことはありましたので、このお金は自分で貯めていました。毎月曜日に基地の病院で軍医から性病検査を受けました。外出は禁止されていませんでしたが、離島なので、禁止する意味がなかったのです。一週間に一日くらいの休みがあり、軍人が島巡りに連れていってくれたこともありました。休みがあるといっても「慰安所」での生活があまりにも苛酷で、身体的にも辛く、森に逃げ出したこともありましたが、すぐに探し出されて連れ戻されてしまいました。

一年二ヵ月が過ぎたころ、新しい女性と交替するとのことで、私を含め七人くらいの女性が魏の妻と共にジョホールに移ることになりました。一八人のうち、ひとりは死亡していました。他の者は島に残りました。

一九四三年秋、私たちは海軍旗を付けた船でジョホールに到着し、上陸しました。そして、日本軍の管理地域内の倉庫用の建物に入れられ、ここで更に船を待つように言われました。ここにはゲートがあり、外には出られませんでした。軍隊から出される三度の食事を待っている毎日でした。一ヵ月経っても船は来ないので、私たちはだんだんすさんだ気持ちになってきました。私は、アンダマンで辛い思いをしてチップを貯めたお金を、船を待っている期間に軍の酒保で使い果たしてしまいました。私たちは、魏の妻に台湾に早く返してくれるよう要求しましたが、サイパン行きの船も来ませんでした。魏の妻は、「見晴荘」と言う名の「慰安所」に私たちを売り込みましたが、私たち全員がこれを拒否したので、魏の妻はどうすることもできず、そのうち姿を消してしまいました。

四ヵ月経ったころ、私たちはお金もなくなり、台湾に帰る船もなく、誰にも頼ることができずに放置され、途方に暮れてしまいました。そして、倉庫で世話をしてくれていた兵隊が「見晴荘」に行ってみたらどうだ、と言うので、どうしようもなくなった私たちは、「見晴荘」に行き、七人で当面必要な一二〇円を前借りし、結局「慰安婦」として居ることになってしまいました。

「見晴荘」も軍の管理地域にあって、建物自体には監視の兵隊はいませんでしたが、管理地域の境には監視兵がいて、ジョホールの町へ外出することはできましたがシンガポールへ行くことは禁止されていました。「見晴荘」は軍人のみが出入りできるところで、下野という日本人が管理人をしており、別に経営者がいました。私たち以外に、広東や朝鮮から連れてこられた女性が三〇人程いました。軍人はコンドームを付けることが規則となっており、私たちは週に一度身体検査を受けました。

私たちは、毎日一〇人から多いときは二〇人の軍人の相手をさせられました。前借りした一二〇円を返し終わってからは、軍人が払うお金の中から一部が私たちにも支払われました。私はこれを軍事郵便貯金にして、総額で一八〇〇円くらい貯金しました。この貯金は、一九九八年になって、交流協会を通して請求したところ、日本政府から一八二九米ドルがやっと支払われました。私は、あんなに辛い思いをして貯めた預金なのにと思うと、何だか悲しくなりました。

一九四五年七月、「見晴荘」に客として来ていた山口看護長という人が、私たちを台湾に帰国させてあげようと努力してくれました。山口看護長は、軍の病院に所属する人らしく、疾病証明を作ってくれ、私たちが赤十字の病院船に乗ることができるように手配してくれました。結局、ジョホールには二年近く居たことになります。

私は、二人の台湾女性と共に八月上旬ころ、ようやく高雄に帰還しました。私は、高雄の病院に一週間程度収容されて、その後、台北に帰りました。ちょうど、終戦の日だったと思います。

私は、台北に戻り、叔父と継母に会いましたが、叔父は、私が「慰安婦」をしていたことを知り、軽蔑した態度を取るようになりました。私は、自分が望んだわけでもなく、騙されてアンダマンに連れて行かれたのに、叔父や継母の蔑みを受け、悔しくてたまりませんでした。叔父や継母が私を売るようなことがなければ、こうした目に遭わずに済んだのにと考えて、叔父や継母を恨みました。私は、一ヵ月足らずで台北を離れ、以後、叔父や継母には二度と会いませんでした。

その後、私は、花蓮で住み込みの飯炊き（炊事の仕事）をしたり、台東に出て、裁縫を習い、洋裁の仕事をしたりして何とか暮らしていました、二八歳の時、以前塩水で知り合った者と再会し、結婚しましたが、私には子供ができなかったので、結局離婚に至りました。その後、私は放浪生活をして、高雄で飯炊きの仕事などをしていましたが、さらに屏東に移り、四五歳の時に鄭標と結婚しました。夫は私より三歳年上で、もう一〇数年前に亡くなりました。

夫に軽蔑されるのが嫌で、私は夫に過去のことは話せませんでした。夫の死後、私に結婚相手を紹介してくれると言う人もいましたが、断りました。

現在は、知り合いの厚意で、倉庫の一室に住まいを得て、ひとりで老人年金と政府からの補助金で暮らしています。夜になると眠れなくて涙が出ます。幼いころから良いことはありませんでした。でも、騙されてアンダマンに連れて行かれなければ、こんなに落ちぶれてはいないと思います。親戚にもばかにされることはありませんでした。魏夫妻も、日本人も憎いです。

日本政府には、賠償と謝罪を求めます。

「身体と心に刻んだ傷と名誉の回復を」――アモニタ・バラハディアさん

（フィリピンの元「慰安婦」被害者、七三歳）〈イロカノ語→英語の通訳はクレオ・エルミド氏〉

私はフィリピンからまいりましたアモニタ・バラハディアといいます。七三歳です。今日、日本の市民グループの招待でここに来ることができたことを大変感謝しています。私たちフィリピンの被害者は、日本の裁判所で二回請求を棄却され、私たちの名誉を否定されています。したがって、私たちとしてはなんとかこの法案を立法で問題が解決できないものかと、最後の望みを託しています。

私が日本軍の性暴力被害にあって、最初に強姦された時は、まだ本当に小さい少女でした。その時以来、私は、私の尊厳を奪われ、今に至るも心安らかな生活、人生を送ってくることができませんでした。本岡昭次参議院議員などによって提案されたこの法案というのが、私たちにとって先程申し上げたように、ほんとに最後の希望だと思っています。私は第二次世界大戦中に日本軍によって、私の身に起きたこと、その証拠を自分自身のなかに刻んでおります。そのことを、きちんと日本政府が最終的に認めてくれることが、一番大きな目的です。今日こちらに来ることが出来なかったフィリピンの沢山の性暴力被害者、元「慰安婦」たちもそれぞれに同じような傷を心に、そして身体に刻んできています。名誉を回復することが、本当の平和の歩みであり、平和の道になるわけです。そのことを、この法案が実現してくれるであろうと私は期待をしているわけです。

日本の支援者の皆様に対して心から感謝を申し上げます。

以上が彼女たちの証言である。まず、先の鄭陳桃氏の陳述から、多くの事実が明らかになる。彼女はつまり「看護婦の助手」として「二年間の約束」という口頭契約で、「アンダマン（インド洋上の島）に」奉仕か働きに行った。しかし「それは話（約束）が違う」。彼女は「騙されてアンダマンに連れて行かれ」、そこが慰安所であり、「諦めるように」言われ、拒否することができなかった。「前借金があるという理由で、お金をもらったことはありませんでした」、つまり前借金はもらっている。「軍人は、管理人のところで札を買い、それを持って部屋に来る」、「毎月曜日に基地の病院で軍医から性病検査を受けました」という。

彼女の話には、「軍人からチップをもらうことはありました」「お金は自分で貯めていました」「チップを貯めたお金を、船を待っている期間に軍の酒保で使い果たして」「軍事郵便貯金にして、総額で一八〇〇円くらい貯金しました」とあり、売春の形になっている。

要約をすると、客である軍人が管理人のところでお金を払い（札を買い）、それを持って部屋でセックスをした、ということである。管理人と軍人の間に女性（慰安婦）が存在し、慰安業が営まれた。ここには、半軍と半民、強制と商売が混在している。

このような証言は多い。そしていつも、慰安と売春が混在しているように感ずる。

今まで私は、多くの慰安婦関係の証言を読んだ。ポルノのような体験談から、涙の人権話、怒りと反省、「作り話」も多い。そこでは、「慰安婦」と「醜業婦」の、相反する言葉が乱舞する。「醜業」とは、婚外性交を悪とする貞操観念によるものであり、当時の日本の内務省は、帝国の威信を守るために売春を「醜業」とし、「娼妓」などを取り締まる態度を堅持した。だがそれは、戦地で戦う軍隊とは、必ずしも一致したものではない。

醜業を目的として渡航せんとする婦女は必ず本人自ら警察署に出頭し身分証明書の発給を申請すること

稼業契約其の他各般事項を調査し婦女売買又は略取誘拐等の事実なき様特に留意すること

「その時代」を「現在の感覚」で読むということは難しい。それはまるで、戦前の戦争と戦後の平和が混在するかのようである。そうした証言は、読んでも解釈に困り、悩ましいものである。

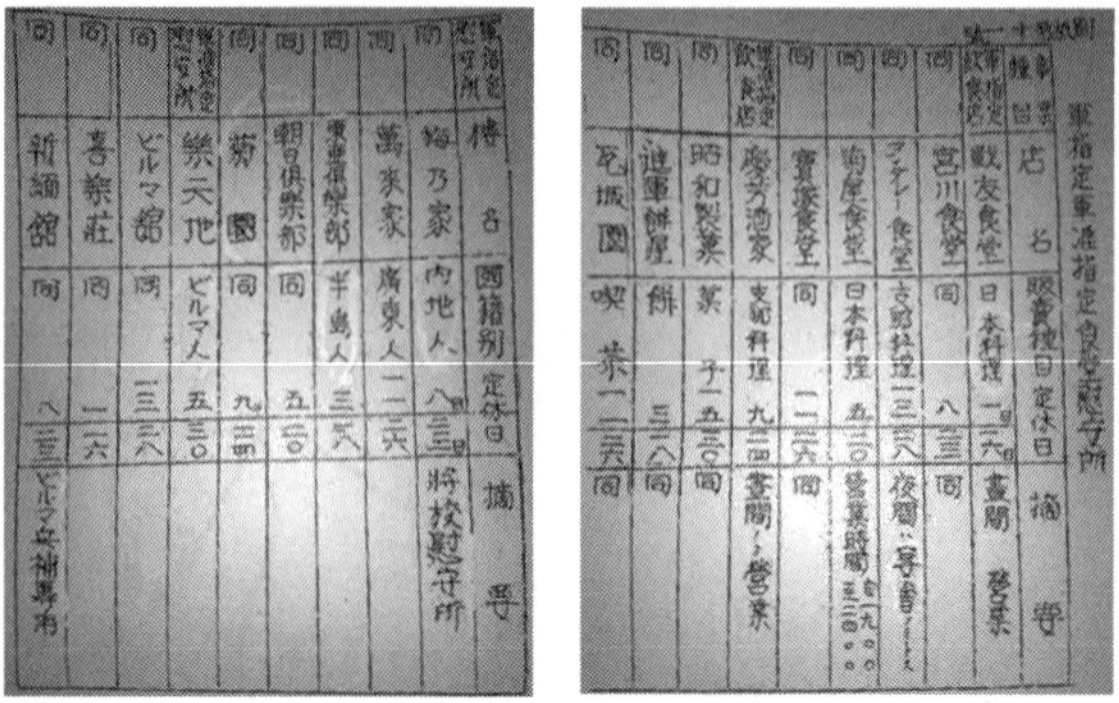
軍指定軍准指定食堂慰安所

種別	店名	営業種目	定休日	摘要
軍指定飲食店	戦友食堂	日本料理	一日、一六日	昼間営業
同	宮川食堂	同	八、二三	同
同	マンダレー食堂	支那料理	一三、二八	夜間ノ営業
同	海屋食堂	日本料理	五、二〇	営業時間 自一九〇〇 至二三〇〇
同	實業食堂	同	一一、二六	同
軍准指定飲食店	慶芳酒家	支那料理	九、二四	昼間ノ営業
同	昭和製菓	菓子	一五、三〇	同
同	進軍餅屋	餅	一三、二八	同
同	花城園	喫茶	一一、二六	同

種別	店名	国籍別	定休日	摘要
軍指定慰安所	梅乃家	内地人	八日、二三日	将校慰安所
同	萬来家	広東人	一一、二六	
同	東亜倶楽部	半島人	三、一八	
同	朝日倶楽部	同	五、二〇	
同	菊園	同	九、二四	
軍准指定慰安所	楽天地	ビルマ人	五、二〇	
同	ビルマ館	同	一三、二八	
同	喜楽荘	同	一、一六	
同	新緬館	同	八、二三	ビルマ兵補専用

「軍指定軍准指定食堂慰安所」

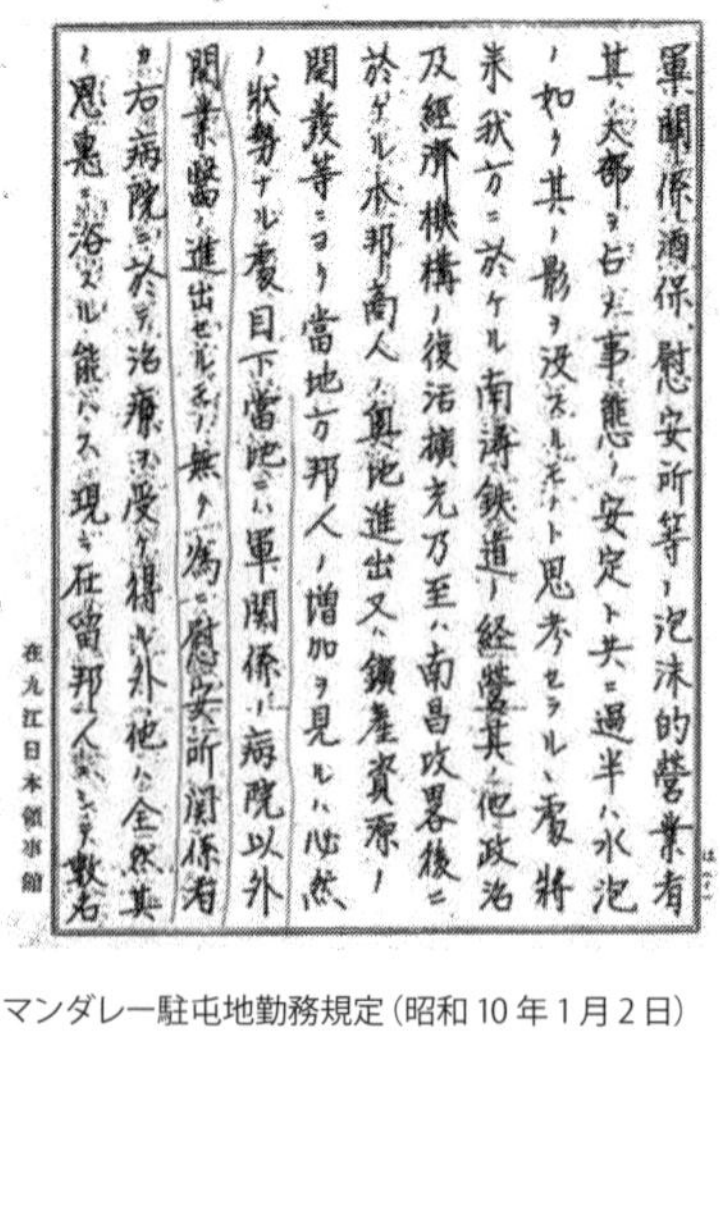
軍関係酒保、慰安所等ノ泡沫的營業有其ノ大部ヲ占ムル事態ハ安定ト共ニ過半ハ水泡ノ如ク其ノ影ヲ没スルモノナリト思考セラル、還將来我方ニ於ケル南潯鉄道ノ経營其ノ他政治及経済機構ノ復活擴充乃至ハ南昌攻略後ニ於ケル本邦商人ノ奥地進出又ハ鑛產資源ノ開發等ニヨリ當地方邦人ノ増加ヲ見ルハ必然ノ状勢ナル處目下當地ニハ軍関係ノ病院以外開業醫ノ進出セルモノ無キ為ニ慰安所関係者ハ右病院ニ於テ治療ヲ受ケ得ルモ外他ハ全然其ノ恩恵ニ浴スル能ハス現ニ在留邦人ハ數名

在九江日本領事館

マンダレー駐屯地勤務規定（昭和 10 年 1 月 2 日）

第一章　慰安所日記の概要

二〇一三年八月、ビルマ・シンガポールでの慰安所帳場人、朴氏（一九〇五〜一九七九）の日記である『日本軍慰安所管理人の日記（일본군 위안소 관리인 일기）』（イスプ出版社）が、韓国ソウルで出版された。訳者は、ソウル大学名誉教授の安秉直《アンビョンジク》氏である。

私は、これは慰安所の実態を知る上で貴重な研究資料だと思った。この日記のニュースは、韓国の朝鮮日報と日本の毎日新聞（二〇一三年八月七日付）で、同時に報道された。

この日記に対して、韓国側では「揺るぎない日本軍の経営による慰安所だ」と決定づけることとなり、日本側では逆に「慰安所は売春宿であった」という、極端に相反する意見が出たのは先述の通りである。つまりこの日記が、韓国では「軍や警察による強制連行があった」ことの確証であるという一般的な意見が強く、他方、日本では、慰安婦たちが映画を見に行ったり貯金して送金したりしていることから、慰

『日本軍慰安所管理人の日記（일본군 위안소 관리인 일기）』安 秉直（イスプ出版社）

安業や売春業として読み取られていると思われる。

読者それぞれが、韓国や日本の見方、味方をしている。つまり読み方、読む側によって大きな差があり、それがまた問題になっているわけだ。それでも、日韓の視線は共に、慰安婦と軍との関係、強制性に注目している。それはつまり、大日本帝国の戦争責任を問うことでもある。

この日記の「原文」は、訳者の安秉直氏によって韓国語に翻訳され、解説もされている。しかし「原文」とはいっても、漢字、平仮名、片仮名まじりで書かれた筆記ノートの原文とは異なり、あくまでノートをハングルで文字化したものである。私は直筆のノートを三回、直接拝見し、その複写本などを通して全読することができた。この筆記ノートを見ることで、筆記ノートと安氏の「原文」は多少異なる、ということを知った。日記の所蔵者は、保存用の複写本を作っているが、それらはまだ出版には至っていない。したがって、私はその筆記ノートを読み通しているが、直接ここに引用することはできない。

この日記については、京都大学の堀和生名誉教授と神戸大学の木村幹教授による、韓国語の翻訳文の日本語訳がネット上で公開されているので、私はそれらに目を通し、さらに安秉直氏による韓国語の翻訳文も読んだ。これらのテキストは、本書を執筆する上で大変参考になった。しかし本書では、こうした翻訳文は引用しないこととした。例えば、距離単位の「里」は、韓国では一〇里が四キロであるが、日本では、一里が四キロであるので、そのままの直訳では無理があり、元々の筆記ノートの日記を注意して翻訳すべきであると思うからである。また、「慰安所で遊ぶ」という言葉の、訳語としての「遊ぶ」も、時には誤解されやすい言葉ではないかと思われる。「遊ぶ」という言葉は、韓国語では休息から遊びまで幅広く使われる言葉であり、日本語のニュアンスとはぴったり合ってない部分がある。このように、生の資料を読むには、原意、原風景を客観的に理解することが何より重要だと思う。

さて、その上で、私たちはこの日記をどう読むべきか。

朴氏とはどんな人なのであろうか。彼はなぜこの日記を書いたのだろうか。そしてなぜ日記を残したのだろうか。

この日記には、プロフィールを中心とした朴氏自身の情報は少ない。彼の血液型はA、しかし、それ以外の自己紹介はない。それでも、この日記は彼の生活記録であり、彼の性格や人格、教養などが十分に見えてくる。

この日記は公開されるべきではない私事のものなのか、あるいは仕事、帳場の単なる業務日誌のようなものだったのであろうか、それとも、その両方を兼ねているものなのだろうか。

朴氏は、一九二二年から一九五七年までの日記を残したが、特に、ここで取り上げる一九四三年と一九四四年の二年分は、ビルマとシンガポールの慰安所で帳場の仕事をしたので、慰安婦問題が微妙なこの時期にあって、注目を集めている。

私は、この本を購入して読まずにはいられなかった。そして早速、手に入れた。私は、この本を手に取り、自分自身の中立性をテストする気持ちになった。反日・親日、親韓・嫌韓の立場を超えて、偏見なし、先入観なし、自他なし、損得なし、敵味方なし、という、客観的な見方はできるのだろうか。そこに私はあえて挑戦し、訳者の安氏による解説文を読まず、日記を書いた人の立場に立って、まず日記の「本文」だけを読んだ。

この日記は人に読ませるのが目的であったのか、否か。私は、毎週行われる読書会でこの日記をテキストにして読

原本を読む筆者

むことにし、一年間にわたってメンバーたちと繰り返し読み、そして考えた。

慰安所日記の「発見」

本書では、日記を書いた人を、フルネームではなく、ただ「朴氏」とだけにしておく。彼は特別な人ではなく、その時代を真面目に生きていた人である。一日も欠かさず日記を書く、几帳面な人だと感じる。

朴氏は一九〇五年に慶尚南道金海郡で生まれ、一九二二年に金海公立普通学校（五年制）を卒業し、その翌年から、今の金海市にある某登記所の職員として勤めた。一九二九年から、今の金海郡進永邑（一九四二年に邑に昇格）に所在していた代書人事務所で勤務した。一九四二

年七月に釜山から海外に渡り、一九四四年の末に帰国した。つまり、敗戦の困難を避けて、稼いだお金を無事に持って帰ったことになる。そして一九七九年に死亡した。

この日記の原本は、京畿道坡州にあるタイム・カプセル博物館に所蔵されている。持ち主は、彫刻家でもある館長の呉採鉉氏である。私は三回ほど訪ねて日記の原本を見せていただいた。二〇一五年三月八日の午後二時、呉氏に会ったのは三回目であるが、彼は私が主催する研究会において、一五年ほど前に慶州のある古本屋から同日記を購入したその経緯について、次のように語ってくれた。

> 私がこの日記を手に入れたのは、彫刻の勉強をするために五年間にわたってイタリアへ行き、留学を終えた、今から一五年ほど前のことである。私は慶州で生まれて中学校まで故郷におり、高等学校と大学時代は大邱で過ごした。私は儒教文化や伝統文化に関心があり、変わりゆく韓国の古いものを、何でもよいので残したかった。慶尚北道にある妻の実家も、二〇〇年が経過した古家として文化財に指定されている。当時は韓国の地方も大きく変貌する時期にあった。自分は慶州に帰郷する際に、古書店で様々な古いものを手に入れた。当時の私にとっては高価な骨董品より、安い民芸品、主に古書を中心に買うことが多かった。骨董品の中でも安い古書を買うことにしたのである。
>
> 二〇〇〇年ごろ、私は四〇代であった。彫刻の作品を売り、多少のお金があった。ある日、

行きつけの、慶州の今はなくなった古書店で、偶然に本書の慰安所管理人の日記と出会った。万年筆などで縦に書いたものであり、読み難いものが二、三冊あったと思う。縦書きに慣れていないことから、よく内容はわからなかった。古書店の主人から日本時代の日記だと紹介され、最初はあまり関心がなかったが、日付が克明に記されていることが何となく気になった。そこで私は、再度日を改めて古書店に行った。「天皇陛下万歳」や「慰安婦」をはじめ、送金のことや韓国人の女性の名前を見つけ、これは重要な日記であると直感した。これは確かに日本時代のものであると考えた。漢字を頼りにしてページをめくっていくと、慰安所、慰安婦、京城、送金、韓国女性の名前などが目に入った。読み進めるうち、この本が二六冊あって、二〇~五〇年代までの三〇年間の日記であることを知った。

しかし、書店主も価値を知っていて、なかなか売ってはくれない。彫刻家がなぜこの本を必要とするのかといって、売ろうとはしなかったが、当時の二〇〇万ウォンくらいで買うことになった。今のお金の値段は正確にはいえないが、高く買ったのである。

この日記の価値が、いつかは、正しく評価されるであろうという願望と機会を待って、長らく自分の手元に置いていた。しかし、あまりに多くの古書を収集したことから、みずからの手では管理できなくなった。そこで私は、この本を含め一万点を、国家機関である韓国学中央研究院（蔵書閣）に委託して管理してもらうことにした。私が収集したこの日記が研究者の役に立ち、そして歴史の解明の一助になることを心の底から願ったのである。それは、この日記は私個人のものではなく、広く世の中に公開し、長く保存されていってほしいからである。

このような本を公開して客観的に研究されるように提供するのが自分の役目であり、この資料は、一時自分が保管していただけであると思う。研究者たちによって客観的に研究されることを期待している。古い物が捨てられて新しく変わる時代のものを収集しようとした。日韓関係が微妙な時、誤解されやすい今こそ公開すべきである。日韓関係があらゆる面で微妙な時期にあるが、この日記の公開によって何かプラスになれば望外の喜びである。この日記が客観的に、かつ正当な評価が得られる日を切に願っている。

日本に比べて、韓国では古い物は保存しない。このような日記を書いたのは、日本の教育のせいであろう。この日記を書いた人が紙に年号を書いて貼るなど整理したものを、その子孫が手放したということは、子供が親のものを処理したということであろう。

身近に古いものがあるということは、いいものである。博物館に行けば良いものはたくさんあるが、ガラス越しで見るので、遠く感じる。いろいろな物品から生活の語りがあると考えている。それが楽しい。自分が経営しているこのタイム・カプセル博物館は、触ってみて、互いに話すところである。

（※私の主催する研究会にて、呉氏を講師として四八分間、語っていただいた。礒永和貴の要約より採録。同行者は川野裕一郎、礒永和貴、菅原幸子、洪鐘和）

本書では、この日本語まじりの原本をもとに翻刻した、安秉直氏の韓国語による「原文」（翻刻本）を、倉光誠氏が日本語訳したものを、ここに引用することにした。したがって、本書における引用文は、すべて崔吉城と倉光誠が日本語訳したものである。つまり本書の引用は、安氏の「原文」（翻刻本）をテキストにしている。しかし読者は、ネット上の日本語訳や原文も、ぜひ参考にしてほしい。なお一部、安氏による註や解説などからも引用したが、その箇所には、記号をルビ（「*」）で付してある。本書における註の作業は、基本的に礒永和貴氏の協力を得ながら行った。

近代以前の韓国では、日記を書く習慣はなかったが、近代化の過程で、日本の影響で日記を書くようになった。植民地時代の人物が日本植民地時代の教育によって決まったフォームに合わせて日記を書く。そうした日記から、日記はなぜ書くのか、何を書くのか、何を意味するのか、などについても、真相に迫りたい。

シンガポールでの現地調査

私は、この日記を読み、そこに書かれている現地に行って調査をしたいと思った。そして、ビルマにおける慰安所帳場人の日記を読みながら、一〇年前の私の調査ノートを探して読み直した。さらに「ビルマ戦記」の映像、参戦記録、従軍日記などを読み、再度ミャンマーへの調査旅行を考えた。以前、中国の東北部から南へ、そしてベトナム、マレーシア、スリランカ、インドネシア、フィリピンなど、日本軍の戦地であったところを調査したことがある。私は当時の調査ノートを開いた。

一九九七年一月一四日、タイの北の国境都市チェンライから歩いて国境を越え、ミャンマーへ入国した。国境という表示は見えず、車は止まることもなく、走って国境を越えていく。入国管理事務所に旅券を預け、帰りに返してもらうことになっているとの事で、アメリカドルで五ドルを支払った。客は、カナダ人夫婦で、北京で働いているという二人と、私の三人だけであり、女性ガイドが案内した。

ミャンマーの市場で私の目に止まったのはベテルである。タイの山岳民族の老婆が噛んでいて、口の中が赤く染まっているのを先ほど見たばかりであった。それが、ミャンマーではよりポピュラーなものだと言われた。リヤカーに積んだ葉に香料を付ける過程を写真撮影した。そして、実際に買ってホテルに戻って味わって見た。いい香りがした。

私は以前も、ベトナムから中国へ、ロシアから中国へ、徒歩で国境を越えたことがあるが、三回目の今回、アジアではこのタイとミャンマーの国境意識が一番低く、自由だと感じた。それ以外では、北アイルランドとアイルランドの国境は、ほぼ意識しなかった。ヨーロッパでは、ドイツからフランスへの鉄道旅行も、国境を越えることに対して緊張感は、ほぼなかった。今は、国際空港や港が国境のようになっているが、旅券やビザなど入国審査は厳しい国が多く、現在でも日本への入国審査は厳しい。

しかし、越えられない最も厳しい国境（境界線）は、朝鮮半島に存在している。終戦と同時に三八度線が境界線になったが、朝鮮戦争からは休戦線に変わって、越えられない死線になっている。私はその死線の中間地点である板門店に、北からと南から入ったことはあるが、境界線を越えたことはない。

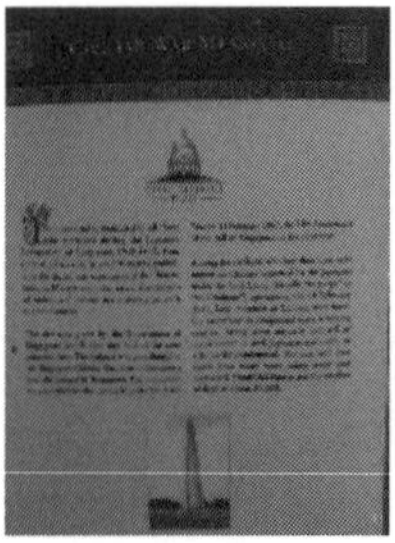

日本占領時の
犠牲者慰霊塔

この慰安所帳場人日記を書き残した朴氏は、どうして遠くビルマやシンガポールまで行ったのだろうか。現在は国際化やグローバル化の時代であり、人の移動は著しく激しくなっているが、植民地や戦争の時代にも、人々は移動をしている。本国から植民地へ、また植民地から本国へ、さらに植民地から植民地への移動もあった。

それは西洋の植民地でも同様で、たくさんの人々の移動があり、例えばインドからアフリカへ、また、日本の植民地であった朝鮮からサハリンなどへ移動した例もある。朝鮮からビルマ

シンガポールの国立博物館（2015 年 2 月）

など東南アジアへの移動も、その例の一つである。これは、戦争の前線を追って彼らが商売をしていたことの証明でもある。つまり、軍需工場からセックス産業まで、海を越えて様々な商行為が行われていたのである。

二〇一五年二月、私はシンガポールとミャンマーへ調査旅行に出た。二二日の午後、シンガポールの国立博物館で日本占領時期の特別展があり観覧した。シンガポール陥落や日本軍の残酷な戦争犯罪的なものが展示されている。博物館内の展示スペースで、ノートをとりながら集中して見ている女性に英語で質問をした。彼女は勉強のためではなく、ただ日本に関心があり、観に来ているのだと言う。

私は老婆心から、このような日本軍の残酷さを観ることによって、彼女の日本への関心は削がれるのではないかと聞いてみた。すると彼女は、自分は歴史と現実を区別していると言う。さらに、私からの「歴史は持続するものであり、どう区別するのか」と言う反問に対して、彼女いわく「少なくとも今の日本人は人を殺さない」と言う。名答であった。
このたびのシンガポール調査の最大の関心事が、慰安所帳場人日記を書いた朴氏が、住み込みで帳場の仕事をした家を探してみることであった。

一月二九日（旧正月五日）土曜日　晴天
朝、ケーンヒル・ロード八八号の西原君の家で起き、オーチャード・ロードの偕行社に出勤した。一八時頃、仕事を終え、カトンの宿舎に帰って夕食を食べて寝た。

二月二日（旧正月九日）水曜日　晴天
朝、ケーンヒル・ロード九〇号の西原君の家で起き、朝飯を食べた。終日、菊水倶楽部の帳場の仕事をした。

私は、日記のこの部分を読む時、ミャンマーやシンガポールの地図と、グーグルアースを使って慰安所の場所を探して見た。シンガポールの、元慰安所があったケーンヒル・ロード八八号および九〇号は、ある程度、特定することができた。そこに行くまでの道は住宅街にあり、最新式のマンションが立ち並び、まずは番地から位置が確認できれば良いと思った。
気温三六度の真夏の暑さの中、地下鉄サマーセット駅からシンガポールのケーンヒル・ロード八八／九〇番地を探して歩いた。マンションの警備員たちに番地を確認しながらである。西洋系の夫婦がベビーカーを押して歩いており、その家族にも尋ねたところ、自分たちは四六番地に住んでいて、裏の方が八〇番地になっているかもしれないという。彼らが言った方向を確かめながら坂道を登り、平屋の住宅街に入って警備員に聞いてみると、戻って別の方向に行けば八八番地だと教えてくれた。私は、さらに逆戻りして住宅街に入った。

マンションに向かって道路をはさんで右側には、二階建ての住宅が並んでいる。七〇番から八〇番のほうへ進んだ。そして、ようやく八八番地の門の前に立つことができた。興奮と感動の瞬間であった。日記を書いた人が住んだ家の前に立つことができたのが嬉しい。

現在のカトン通り

日記には八八番地と九〇番地が一緒に併記されていて、それがずっと疑問であったが、実は八九は欠番になっていて、八八と九〇が隣接した屋根の下の隣家であることから、この疑問が解けたのである。表札を確認することはできないが、それぞれの家の前には自家用車が止まっていた。この建物は現在、歴史的な建造物として保護区に指定されている。

シンガポールの街を数時間ほど歩き、六名の道行く人に道を訪ね、ようやくその番地の家の前に立って写真を撮ることが出来た。まさに感動の瞬間であった。入り口の門の両側には竹が

建築文化財マーク

朴氏の慰安所があった家（Singapore Cairnhill Rd.88,90）

植えられ、灯篭が付いた柱などは、その時代のもののように感じた。今日は、住んでいる方は不在のようだったが、このお宅に住んでおられる方と今後、文通などで確認することが出来たら嬉しいと希望を持っている。その翌日の早朝にはミャンマーへ向かった。

二〇一五年二月二六日に、再びミャンマーからシンガポールへ戻り、日記を書いた朴氏が住んでいた、この二軒の家を再度訪ねて行った。二軒ともに西洋人が住んでいて、一軒目の主人は外出中で留守、メイドさんが、自分はメイドだけどと言いながら対応してくれた。彼女は主人と電話で話をしたが、なにぶん約束なしの突然のことであり、主人にはお会いできなかった。私はメッセージを残すことにし、英文で自己紹介と、日記に関する研究のために内部を見たいことなどを書いた。

二軒目の住人は、一〇か月間、借家として生活しているとのことであり、体調が悪いと言いながらも門のところまで出てきてインタビューに応じてくれたが、家の中に入ることはできなかった。私は帰国後すぐに、日本から正式な手紙を送り、次の機会には、より深くインタビューができることを願っている。

朴氏の移動経路

ここからは、実際の日記の記述を、詳しく見ていくことにしよう。

朴氏は、ビルマのアキャブからラングーン（現在のヤンゴン）へ、ビルマからシンガポールへ、そしてシンガポールから朝鮮へと帰国した。以下では、このあたりの日記の記述を読み解いていく。

彼は、一九四二年七月一〇日に釜山港の埠頭で乗船し、八*月二〇日ビルマに到着した。それは、翌年一九四三年七月一〇日の日記に、「昨年の今日、南方行きの第一歩を釜山埠頭で踏み、乗船し出発した日である。もう満一年になった」と回顧しながら「本当に多難な中の一年であった」と書いているところからわかる。また、それに関連して、出発の二年後、一九四四年四月六日の日記には、「おととし慰安隊が釜山を出発する時、第四次慰安団の団長として来た津村氏は鮮魚組合の役員をしていた。その事情を聞いて簡単に挨拶をした」と書いている。つまり彼は、この第四次慰安団として来たということになる。さらに、その船に同乗した慰安婦、「文玉珠」氏の証言によって、より詳しく慰安団という組織の内容を知ることができるのだが、彼女の証言については、後ほど詳述する。

その、津村氏が団長となった第四次慰安団（慰安隊）が、七月一〇日に釜山港を出発した。

その船には二二人の慰安婦が乗っており、台湾に寄って、シンガポールを経由して、八月二〇日、ラングーンに到着したという。慰安婦の文氏はマンダレー方面へ、朴氏はビルマ・ラングーン西北の都市プロームに滞在した。日記は一九四三年の元旦から始まっている。

この年、一月二九日の日記に「朝鮮から一緒に来た野澤氏に会うと、マンダレー方面で慰安所を経営していたが、今度は部隊について来て、我々が以前いたプローム市で営業をしているという」とあることから、彼がプロームで慰安所の仕事をしていたことがわかる。つまり、八月二〇日にラングーンに着き、一一月の中旬まではプロームにいたということになる。

彼は、プロームからさらに北進してインドの国境に近いビルマ北西部のアキャブ*に行き、「アキャブに来て二ヶ月と五日ぶりにここを離れた」と書かれていることから、二ヶ月と五日間（勘八倶楽部という慰安所で）帳場の仕事をしていたことになる。その慰安所はアキャブの海岸の近くにあり、流れる川には魚もたくさんいて、網を投げれば、いっぺんに数十匹の魚が獲れるところに位置していたという。

この勘八倶楽部は、営業主の山本龍宅氏、この日記を書いた帳場人の朴氏と、助手の新井世桓君、仲居、ボーイ、慰安婦一六人〜一九人、その他で構成されていた。別の日の記述、組合費が「営業主が三〇円、慰安婦一人当たり二円」の内訳から推計すると、計二四人以上である。朴氏は、助手の世桓君と寝食を共にした。朴氏が（戦闘を避けるためか）寺院に行って少し横になっていたら、夜二時頃に世桓君が来て呼び起こしてくれた、というような記述もある。

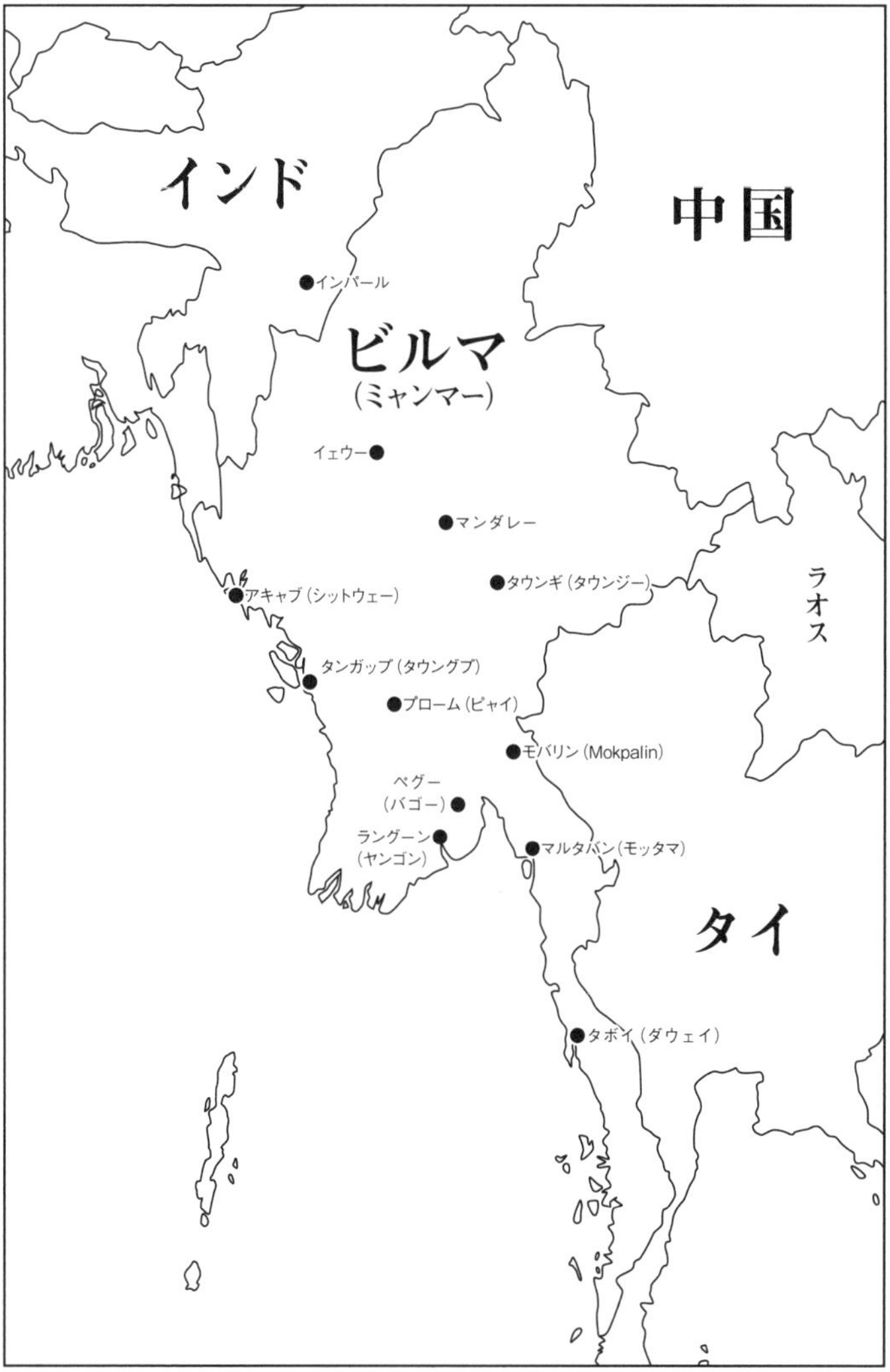

※地名は当時のもの（括弧内は現在の地名）

このアキャブは戦闘地域であり、危険な場所であった。戦況の激しさと危険性を、彼は十分に感じていたようである。ある資料によれば、一九四二年五月四日に日本軍はアキャブ新飛行場を占領、五月一二日にカーサ占領、一三日にインド・ビルマ国境のカレウ付近で英軍主力二万を全滅、（戦果）獲品、自動車二、〇〇〇輌、戦車一一三輌、火砲四二門、銃器七二二挺、遺棄死体一、二〇〇という戦場であった。

彼は、ある日の日記に「今夜は敵機の音がしなかった」（一月一三日）〔※以下、日付は「（1／13）」のように略す〕と書いていて、アキャブを離れてからも「我々の慰安所の一同は何事もなく営業をうまくやっているだろうか。ひたすら健康と幸福を祈ってやまない」（1／19）、さらに「九中隊の前方の海上はるかむこうに、敵砲艦四、五隻が姿を見せ、夜一時頃に日本軍の各部隊は、非常警備のために全員武装し、出動した」（1／10）、「あまりにもさわがしいので寺院に行き少し横になって寝ていたが、夜二時頃に世桓君が来て呼ぶので目がさめ、帰って寝た」（1／11）、「昨夜は敵機の音がしなかった」（1／13）、「世桓君と寺院に行き寝た」（1／14）と書いている。

朴氏がこのアキャブから、タンガップ、プロームを経由してラングーンへ移動したのは、おそらく、こうした緊迫した戦況を避けるためではなかったかと思われる。

彼の主な移動状況は、別表の通りである。

朴氏の主な移動状況

日付／期間	場所／地名	滞在場所
1942年7月10日	釜山出発	第四次慰問団
8月20日	ビルマ・ラングーン着	プローム
11月10日	ビルマ・アキャブ	勘八倶楽部
1943年1月16日	アキャブ、タンガップ	アキャブ出発
1月24日～2月9日	ラングーン市	ラングーン会館
2月9日～25日	ラングーン市	臨時宿舎
2月25日～3月30日	ペグー市	桜倶楽部／金川氏宅
3月31日～5月7日	ラングーン市	ゴールデンバレーの宿舎
5月8日～15日	ペグー市	桜倶楽部／金川氏宅
5月16日	ラングーン市	三益商会
5月17日～18日	プローム	蓬莱亭／野澤氏宅
5月19日	インセン	三益商会
5月20日	インセン	一富士楼／村山氏宅
5月21日	ラングーン市	三益商会／小山氏宅
5月22日～5月25日	ペグー市	桜倶楽部／金川氏宅
5月26日	インセン	一富士楼／村山氏宅
5月27日～28日	ラングーン市	白水慰安所／大原宅
6月2日～7月19日	インセン	宿舎
7月20日～8月21日	インセン	一富士楼／村山氏宅
8月22日	プローム	喜楽館
8月23日	プローム	慰安所の木下氏宅
8月24日～9月9日	インセン	一富士楼／村山氏宅
9月10日	ペグー市	桜倶楽部／金川氏宅
9月11日	シッタン、モバリン	臨時軍用列車
9月12日	マルタバン、モールメン	兵站宿舎
9月13日	イエ、タボーイ	兵站宿舎
9月14日	パラオ（バラオ）	兵站宿舎
9月16日～19日	メルグイ	兵站宿舎
9月20日～25日	船内	○○丸
9月26日	カオファージ	兵站宿舎
9月29日～30日	シンガポール	新亜旅店
10月1日～11月8日	ダービーエスティー（ダルビエステー） 2番地	偕行社の宿舎／大山氏
11月9日～1944年1月31日	カトン／アンバー・ロード2号	偕行社の宿舎
2月1日～12月16日	ケアーンヒル・ロード（ケーンヒル・ロード）88号／90号	菊水倶楽部／西原氏宅
12月17日～31日	帰国の旅	船中泊

戦地アキャブからラングーンへ

一月一六日　土曜日　晴天　二一・〇（註・最低気温）

朝、ビルマ・アキャブ市の慰安所、勘八倶楽部で起き、朝飯を食べ、帳場の仕事をした（註・朴氏は日記において「ビルマ」と「緬甸」の両方の表記を使っている）。午後六時過ぎに連隊本部の事務室で、先日頼んだラングーン出張証明書を受けとり、見ると、今夜二〇時に出発するようにとのことだった。妻男（註・妻の兄弟のこと）に事情を話すと、行きなさいと言いながら、お金三万二千円をくれ、送金しなさいという。

タンガップまで行く船は夜九時四〇分頃に出帆する。途中、風浪が甚だしく、船酔いで気分が悪く、吐くほどであった。アキャブに来てから、二ヵ月五日ぶりに離れた。

右の記述にある慌ただしさからも、アキャブが戦場に近いところで、戦況が緊迫してきたことが察知できる。他にも、「一線陣中で迎えた元日」とか、「帰郷する人を見ると、故郷に帰りたい気持ちが強くなる」などと書いている。

日記にあるように、朴氏が慰安所経営者の山本氏（妻の兄弟）に、母国にある山本氏の自宅の事情を話すと、山本氏は朴氏にお金三万二千円を渡し、これを送金しなさいと言った。朴氏

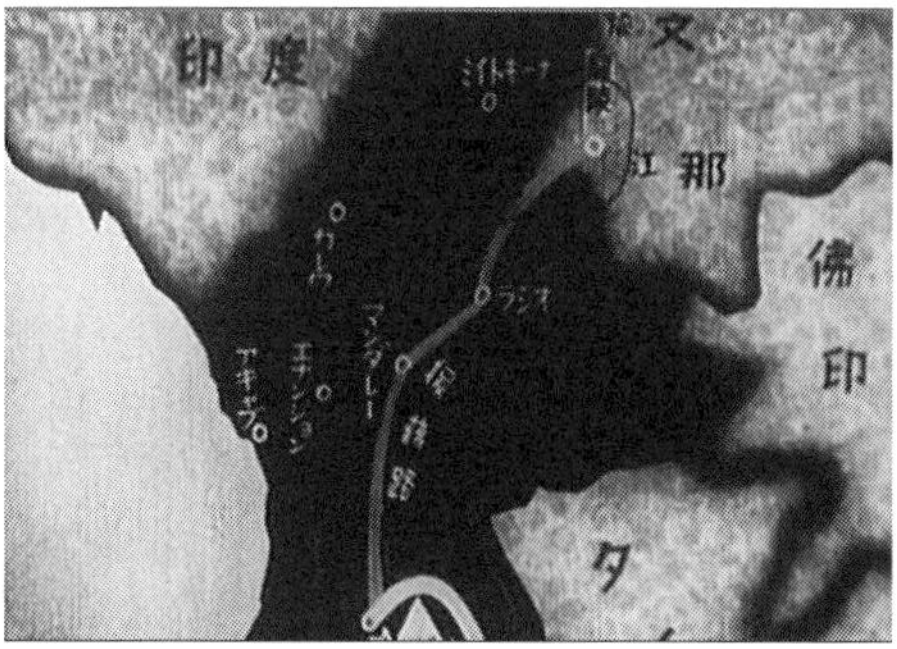

「ビルマ戦記」（陸軍省監修、1942年）より

はそのお金を持って、一月一六日にアキャブを出発してラングーンへと向かったわけである。日記は以下のように続く。

ビルマのタンガップ火村小隊で朝を迎え、飯を食べ、同隊の自動車で火村小隊長の少尉とその他運転兵まで五人、さらに中村上等兵と私七人が乗って、午前一一時タンガップを出発し、アラッカン海抜数千余尺の山岳地帯即ち一八〇余キロを無事に越え、プローム対岸に到着し、河を渡って、プローム市の、以前の我々の慰安所の隣のチンロン家に入り、寝食の世話を受けることになった。アラッカンの険しい山路を設計し造ったことに感嘆した。遠い昔は、人が入ることのない山であったとか（1／21）。

朝、ビルマ・プローム市のチンロン家で起き、朝飯を食べ、プローム駅で午前一〇時二八分発の列車に乗り、ラングーンに夜一〇時五〇分頃、到着した。サイドカーに乗り、青鳥食堂の大原を訪ねたが留守、宿所を見つけるのがむつかしくて心配し、あれこれしているうち、サイカー（註・サイドカーのことか）の主のビルマ人が、自分の家に行って泊まったらどうかと言ってくれたので、行って夕食まで食べて寝た（1／23）。

右の日記にあるように、朴氏の一行は、一月二三日にプローム駅で午前一〇時二八分発の列車に乗り、ラングーンに夜一〇時五〇分頃、到着した。その後は、以下の通りである。

モンタン家で起きて野戦郵便局に送金のために行ったが、兵站司令部の許可が必要だということなので同司令部に行き、副官に話すと、一日五百円以上は送金できないという。青鳥食堂に行き、主人の大山氏に会ってみた。銀行の送金は多額でもかまわないが、軍政監部の許可が必要ということで、同監部に行って話してみた。銀行で許可用紙をもらい、申請するという。確認のために同監部に行って話してみた。銀行で許可用紙を得て申し込めばいい、とのこと。モンタン家に帰り、トランクを持って大山氏が経営する慰安所のラングーン会館を訪ね、寝食の世話を受けることになった。大原君も白水慰安所の帳場にいるので会ってみた(1/24)。横浜正金銀行のラングーン支店で三万二〇〇〇円を貯金し、伝信局へ行って朝鮮の本家に電報を打った。答電してほしいと言ったが、嬉しい便りは来るのだろうか(1/25)。

不安定な生活

先ほどの日記に登場する慰安所、「ラングーン会館」は、前出の元慰安婦、文玉珠氏によれば、コンクリート二階建てで三〇名以上の慰安婦がおり、主人は軍服を着た民間人で、手伝いをする六〇歳くらいの男性と、掃除や炊事をするビルマ人やインド人の苦力《クーリー》が男女で三、四名ほどいたという。

そのラングーン会館で朴氏は、寝食する所が決まっているわけではない、不安定な状況にあった。次の日記は、その不安定さを記している。

一月二六日、朝、ビルマ・ラングーン市ゴットウィン路のラングーン会館で起き、朝飯を食べた。一日中、何もすることがなく、あちこちに出かけ、ラングーン会館で夕食を食べて寝た。

二月二日、朝、ビルマ・ラングーン市ゴットウィン路のラングーン会館で起き、朝飯を食べる前に白水の大原のところに行くと、白水の大原君が朝飯を一緒に食べようというので朝飯を食べた。寝食をこの家、あの家ですませていて、ほんとうにすまなく耐えがたい。すみやかに宿所が決まったら食事もし、目的としていることも進行して安心するのだが。ラングーン会館で夕食を食べて寝た。

その後、彼は住む家をさがし、ビルマ寺院の近く、ビルマ人の仮設建物の一室に、月の家賃二五円で住むことにした。この臨時宿舎に泊まり、ビルマ人の飯店で「買食」しながら暮らした。この、臨時宿舎で起き、食事を買食しながらという生活はしばらく続く。「買食」とは、一定期間、一定の食堂に決めて、そこで食事をすることであろう。一般に、ビルマ人は、朝食を買食し、昼食と夕食を家で食べる習慣があるが、朴氏の日記には、昼食に関する記述は、ほとんど出てこない。

二月九日（旧一月五日）火曜日　晴天

朝、金和のところで起きた。金和氏と同居する約束をして、住む家をさがしたところ、ビルマ寺院の後ろの道路辺りのビルマ人の仮設建物の一室を月家賃二五円で決めることにした。午後、大山氏がちょうど通りかかるところを呼んで一緒にいたが、軍政監部に行き用事を済ませ、大山氏のところに行って夕食を食べて帰り、金和氏と一緒に寝た。

二月一〇日（旧一月六日）水曜日　晴天

朝、起き、金和氏と一緒に市場に行き、朝飯を買って食べた。

二月一一日（旧一月七日）木曜日　晴天

朝、臨時宿舎で起き、ビルマ人の飯店で朝飯を買食した。

二月一二日（旧一月八日）金曜日　晴天
朝、宿舎で起き、金和氏と一緒に行って朝飯を買食した。
二月一三日（旧一月九日）土曜日　晴天
朝、ラングーン市の臨時宿舎で起き、金和氏と朝飯を買食し、自動車の中古の売り渡し物件があるのでビルマ人が来て見ないかというので金和氏と一緒に行ってみて、二台を二千円で買い受けることにした。
二月一四日（旧一月一〇日）日曜日　晴天
朝、ビルマ・ラングーン市の臨時宿舎で起きた。
二月一五日（旧一月一一日）月曜日　晴天
朝、ビルマ・ラングーン市の臨時宿舎で起き、朝飯を買食した。

単調な毎日のように思われるかもしれないが、このような暮らしの記録こそ、日記であることを意味する。特に、寝食が不安定であった彼にとって、毎日同じ所で寝て、起きて、食事をすることが、いかに安心感をもたらしたかが想像できる。そして、このような生活は、朴氏が軍人や軍属ではなく、ただの民間人であるということを明確に教えてくれる。

彼はまた、「旧正月の一五日の満月の日、故郷の父母、兄弟、妻子は月を見て、同じように数万里離れた他国にいる私を思うだろうか。東の空にのぼっている月を見ながら、望郷の思いでお辞儀をした。ここでは、一点の雲もなく、澄みわたった空の月は明るかった」と寂しい心境を書いている。

彼は結局、ここに安着できず、ペグー市に故郷の友人の金川栄周氏がいるという消息を聞き、金川氏のところへ行くことにした。ペグー市は、ラングーンの北東にある港湾都市で、米と木材の集散地である。ラングーン市の臨時宿舎に宿泊していた岡田、金和、大山ら三名と記念撮影をした。大山氏とは夕ボーイまで旅行する約束をして、ビルマ人の乗り合い自動車でペグーに到着した。文楽館という慰安所の新井氏の家で少し休んで、慰安所を経営している同郷人、金川氏を訪ねて行った。久し振りに会ってうれしく、よもやま話をしてすごし、夕食を食べて、同氏宅に泊まった(2/25)。

二月二六日、朝、ビルマ・ペグー市の桜倶楽部の金川氏方で起き、朝飯を食べた。金川氏の案内でビルマ第一である釈迦寝像を見物して来て、夕食を食べて寝た。この臥仏像は長さ百八十余尺、高さ五〇余尺というが、本当に驚くべきものだった。

寝釈迦仏（「陸軍航空戦記 〜ビルマ篇〜」）

二月二七日（旧一月二三日）、朝、ビルマ・ペグー市の金川氏のところで起き、朝飯を食べ、大山氏と停車場に出てマウルメン行きに乗車した後、マウルメン、タヴォイ方面行の連絡がうまくいかず、途中の困難が多いので、出直し、金川氏の家に戻った。

三月一日、朝、ビルマ・ペグー市の文楽館で起き、朝飯を食べ、時を過ごした。午後、金川氏と郭某と、猟銃をもって野外に出て遊び、帰って夕食を食べて寝た。

三月二日〜三月二八日、ビルマ・ペグー市の慰安所の桜倶楽部の金川氏のところで起き、朝飯を食べた。

三月二七日、朝、ビルマ・ペグー市の金川氏のところで起きて、朝飯を食べ、ラングーンに行ってこようと文楽館に行ったが、同館の主人の新井氏が明日一緒に行こうと言い、行けずに終日過ごして夕食を食べ、金川氏のところに帰って寝た。

このあと朴氏は、四月から再びラングーン会館の大山虎一氏の所に留宿するようになった。それを彼は、いつも人に迷惑ばかりかける身の上になってしまったと嘆いている。日記には、以下のような記述が続く。

四月一日に家屋と工場を毎月五百円で賃貸借する契約を結び、保証金にお金を千円支払った。食堂と製油工場を大山氏と共同で経営する約束をし、事業準備を進めることに決定した。プロームロード五〇三の製油工場に行った。蒸気機関士と火夫が来て、蒸気機関に火をつけて運転し、井戸の水をタンクにくみ上げた。四月三日にはゴルテンバレイ（註・ゴールデンバレー）の宿舎で起き、一丸荘食堂で朝飯を食べ、ラングーン会館で夕食を食べ、宿舎に帰って寝た。製油工場を大山、豊川、大石、朴の四人の共同経営にすることで約束し直し、進行中である。

四月六日の朝、ビルマ・ペグー市の桜倶楽部の金川氏のところで起き、朝飯を食べた。文楽館へ行き、時を過ごして夕食を食べ、桜倶楽部の金川氏のところに戻って寝た。

ラングーン市ゴルテンバレイの宿舎で起き、プロームロードの工場に行き、朝飯を食べる。そのように往来しながら、工場を管理した。つまりラングーンで寝てプロームロードで朝食を食べる生活である。この時も朴氏は、自分の状況を「迷惑ばかりかける身の上になってしまった」と書いており、一定した寝食をする所がなく、相変わらず知っている家に行って世話になるだけで、「面目この上ない」（5／19）と記している。

五月三一日、朝、ビルマ・ラングーン市外のインセンの村山宅で起き、朝飯を食べた。終日村山氏の慰安所（註・一富士楼）の帳場の仕事をした。村山氏宅で夕食を食べ、泊まった。

六月六日、朝、インセンの宿舎で起き、朝飯を食べ、終日村山氏の慰安所の帳場の仕事をした。夕食を食べ、夜一時頃まで帳場にいて、宿舎で寝た。

六月一六日、朝、インセンの宿舎で起き、村山氏宅で朝飯を食べた。大原正吉君が来て山本代雄氏に会ったといい、昨年貸し付けたお金を取り立てに行こうというので、山本氏のところに行って、その間の事情を話し、四〇〇円を受け取り、インセンに帰った。山本氏は、このたび帰国するという。村山氏宅で夕食を食べ、夜一時半頃、宿舎で寝た。

いずれは経営者になろうとして、朴氏は慰安所の経営にも意欲を持っていた。七月三〇日の記述では、（一富士楼を経営する）村山氏は八月中に帰郷することを考えていて、彼に餅屋と慰安所を引き受けるようにと言っている。彼も、いろいろな事情でシンガポールに行こうとしていたが、もう一年ビルマにいることにして、村山氏の営業を引き受けることを承諾した。また、八月八日には、金川氏も慰安所を他人に譲渡して帰国しようかという話をしたと、以下のように書いている。

八月八日（旧七月八日）日曜日　曇少雨天

朝、インセンの村山氏宅で起き、朝飯を食べた。ペグーの金川氏は村山氏宅で朝飯を食べ、軍司令部へ行って来て、一七時五〇分頃、ペグー行きの自動車で帰った。金川氏も、慰安所を他人に譲渡して帰国しようかという。村山氏宅で夕食を食べ、夜一〇時少し過ぎに寝た。

その後は、八月一五日に新井、村山両氏の夫婦が、検討していた帰国の件について話をし、朴氏も彼らの意向を聞いて自分もシンガポールに行こうかと思っていると言うと、村山夫妻がそうしてはダメだと言い、必ず慰安所を引き受けて経営してくれというので、朴氏もそうすることに決定した。しかし八月二四日になって村山氏が、先日約束した慰安所（一富士楼）を九月一日に引き渡さず、九月いっぱいまで自分が経営して、一〇月初めに引き渡すというのに対し、朴氏がそれはダメだというと、村山氏は「それなら他の人に売る」というので、朴氏はそうするように承諾した。これで、二人の人間関係がまずくなった。

結局、八月二八日に一富士楼は山口秀吉という人物に譲渡され、譲渡許可願が提出されたという。つまり、この慰安所は、「売買された」のである。詳細は後述するが、ここは重要なポイントである。そして朴氏は、シンガポール行きを実行した。

九月九日、朴氏は陸路でシンガポールに行くため、午後四時に、まずインセンからペグー行きの自動車に乗り、ペグーに到着したが、村山氏宅には三、四ヶ月も一緒にいた事情があり、朝鮮から連れて来て、それまで一緒にいた慰安婦の澄子（張善岳）が惜別の涙を流すのを見ると、とてもつらい離別であると記している。

ビルマからシンガポールへ

以上で見たように、朴氏は六月から八月まで、ラングーン市外のインセンの宿舎で寝て、村山氏宅で食事をし、五月三一日からは、村山氏が経営する慰安所、一富士楼で帳場の仕事を始めた。この村山氏の慰安所には、松月館の慰安婦が三名、移って来て営業することになったという。朴氏はインセンの一富士楼の帳場で仕事をしたが、寝食の場所は異なった。村山氏の借家である同氏宅の前にある空き家をかたづけて、宿舎として使うことになり、食事は村山氏宅でした。村山氏宅で夕食を食べ、帳場の仕事をして、宿舎で寝る生活であった。

しかし彼は、こうした不安定な生活から脱するために、新しい職場を探していた。つまり、帳場の仕事をしながら新しい事業を探していたが、なかなか上手くいかず、シンガポールへ行くことを決心したのである。そこで、シンガポールにいる知人の大山氏に電報を打ったところ、「来てほしい」と言われた。その電報で、彼はシンガポール行きを決めた。日記では、そのあたりの様子を、以下のように記している。

日通自動車部まで行き、九時半頃にタボーイ行きの自動車に乗った。百キロも続く非舗装道路を自動車が無事に一八時頃にタボーイに到着した。警備隊に行き、兵站に回り、事情を話して宿舎の許諾をもらった。沐浴の設備がよくて旅塵を洗い、夕食をごちそうになり寝た（9／13）。

タボーイの兵站宿舎で起き、朝飯を食べ、兵站の自動車で日通自動車部まで行って、メルグイ行きの自動車に乗った。メルグイに行くには、途中バラオ（註・パラオ）で宿泊することになっている。六ヶ所、自動車を渡船で渡り、夜九時頃バラオに到着した。兵站を訪ねて行き、夕食を食べて寝た（9／14）。

一〇時少し過ぎにバラオを出発し、途中二ヶ所の大きな河を渡って八時頃メルグイに到着した。メルグイの兵站を訪ねて行き、宿泊を要請し、夕食を食べ、沐浴後に寝た。兵站はどこでも本当に親切にしてくれた（9／15）。

藤岡氏と埠頭に出てビクトリア・ポイント行きの船便を調べたが、前日出発していて、今後いつ出ることになるのか分からないとのことだった。警備隊でまた調べたら、一週間後ならば便があるようなので待ちなさいと言われた。兵站で夕食を食べて寝た（9／16）。

便乗の請求をした。警備隊に預けておいた荷物を持って夜一〇時頃乗船した。出航は明朝だという。二百トン内外の小さい汽船である（9／19）。

早朝、出帆したが、一時間も過ぎず、航海できなくなり、機関部の故障のため海上に停泊し修理した。修理の結果、部品の加工をすることになり、またメルグイに戻り、桟橋につけて翌日修理する模様である。一日でも早く行こうとしているのに何度も何度も遅れる。食事は船内でした（9／20）。

○○丸の乗客は藤岡氏の家族と軍人一名の合計七名である。座席はどんなにでも広く使える。船は右側に遠く大陸に沿い、大小無数の島嶼の間を通りすぎていく。本当に比類のない良い景色である。一七時頃機関部の故障で一時心配したが、三〇分の内に修理され、また島と島の間の碧波を切りさいて進んだ。船員の仕掛けた釣り針に長さ二尺くらいの大きな魚がかかり、引き上げて皆で楽しんだ。この魚はナマスにして食べたのだが、本当にその珍味は比べるものがなかった（9／23）。

ビルマ人の足で漕ぐボート（「ビルマ戦記」）

以上の記述で気になるのは、彼が「兵站」に頼って旅行し、船に「便乗」し、その船名を伏せて「○○丸」としたのはなぜかということである。「兵站」は当地において日本軍の末端の施設であったこと、船に「便乗」したということは、彼が軍人ではない民間人であったことを、表しており、軍の機密を守るために、彼の常識で船名を伏せたと思われる（このあたりについては、のちほど詳述する）。彼の旅は、さらに続く。

ビルマ・タイ国境の、名も知らない河を見ながら進んで行った。右側はタイ、左側はビルマ、その中間の一つの河を国境としていた。船は一六時少し過ぎにカオファージに到着した。兵站を訪ねて行き、夕食を食べて寝た。ビルマはもう通り過ぎ、タイ国領に入った（9／25）。

カオファージの兵站の宿舎で起き、朝飯を食べ、停泊場司令部に行き、乗って来た船の食費を支払った。藤岡氏一行は別の事情があり、今日出発することができなかったので、自分一人で軍の交通車に乗り、一五時少し過ぎにカオファージを出発して一九時半頃ヂュンポン駅前に到着した。停車司令部に行き便乗券をもらい、二二時四〇分発の軍用列車に乗り、ヂュンポンを出発してシンガポールに向かった。もう難コースはみな通り過ぎたようである。列車は客車ではなく、貨物車の一台に一人で乗った（9／26）。

列車内で起きた。この日も終日、車内ですごした。途中、食事を受け取って食べた。車窓から終日、タイの風景を眺めた。女子はほとんど全部が短髪式で、パーマネントをしていた。男子は服装をきちんとしていて、女子たちも衣服は見て良い感じである（9／27）。

朝の三時頃パタンベサー駅、すなわちタイのマレー国境地帯に到着した。この駅からシンガポール（昭南）行きのマレーの列車に乗り換えるのである。駅の待合室で夜を明かし、マレーに三〇余年いるという日本の老婆の飲食店で、朝飯と昼飯を食べた。シンガポール行きの急行列車は一五時一五分発。シンガポール着は翌日の二〇時半頃である（9／28）。終日、車内ですごし、二〇時四〇分頃、シンガポールに到着（9／29）。

偕行社タクシー部での勤務

無事、シンガポールに着いた朴氏は、偕行社（陸軍将校の親睦団体）のタクシー部で働くこととなった。日記では、そのあたりの経緯が以下のように書かれている。

九月三〇日、ダルビエステイ（註・ダービーエスティ）偕行社の自動車部出張所を訪ねて行って、大山氏の妹の夫の崔君に会った。一〇月二日、特別市庁に「在留邦人」の届け出をして身分証明を受けた。一〇月三日、清川という人の家に行き、三、四人の邦人に挨拶をし、サッカーをやろうというので一緒に行って遊んでから、大山氏宅に帰って寝た。一〇月八日、大山君と昭南神社に参拝した。憲兵隊に在留邦人身上申告を提出した。

一〇月九日、オーチャード・ロードにある偕行社のタクシー部に行き、高橋栄氏に会い、挨拶をした。ダルビエステー二番地の偕行社タクシー部駐車場の宿舎で朝を迎えた。一〇月二〇日、偕行社のタクシー部に就職しろと勧められ承諾した。支那女子の下女一人を雇い入れた。一〇月二四日、偕行社タクシー部に勤務するため履歴書を提出した。

一一月二日、一〇余人が集まり宴会をした。挨拶し、飲んでひどく酔っ払ってどうなったか覚えていない。一一月三日、夜が明けて目覚めると、ベッドに吐いていた。前夜、料理店からどうやって出たか分からず、どうやって宿舎にもどって寝たのかも全然覚えていない。終日吐いて、飲み食いはできなかった。酔ってこんなに意識を失ったのは生まれて初めてだ。ダルビエステーの偕行社タクシー部の宿舎は、このたび家屋として使用できなくなるため、カトンに大山君と行くことになり、近日中に引っ越す予定である。

一一月八日、大山君と昭南神社の昭南忠霊塔に参拝した。偕行社タクシー部を廃止するにしたがって全部の荷物を運び、カトン出張所に引っ越した。カトンは海岸からわずか数十歩しかない所で、シンガポール市街とは二里くらい距離がある所だ。この宿舎には軍属四名が宿泊していた。荷物を整頓して夕食を食べ、カトンタクシー部の宿舎での最初の夜を迎えた。

一一月九日、事務もまだ、軍属たちがそのまま仕事をしているので、どういうふうに決めて仕事をするのかわからなかった。どうしていいかわからず、ただ時間を過ごすだけである。まもなく軍属の一人が本社に行くという。食事は大山君夫妻と一緒にすることにした。昭南に来てから後は、大山君に食事の世話になっている。

一一月一〇日、特にする事もなく一日を過ごした。カトンのタクシー部に勤務していた上原軍属は、自分と大山君が来た関係なのか、オーチャード・ロードの本社に移転した。夕食を食べ、澄みわたった空に月があまりに明るくて、望郷の愁を禁じ得ず、夜一時頃まで外にいて、寝室に入った。一一月一三日、矢吹軍医（中尉）が来て西村氏の診察をした。貨物廠の軍医が

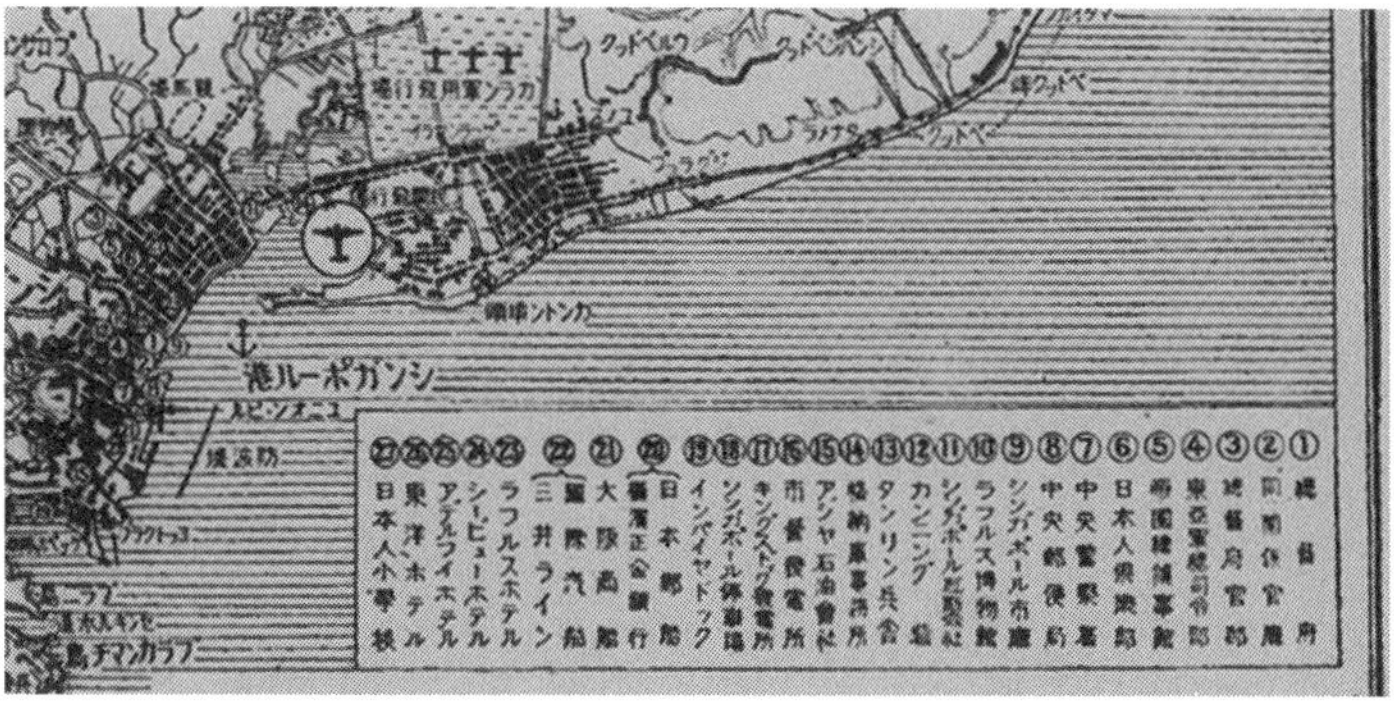

日本軍占領時の地図（シンガポール付近詳図「写真週報」）

来て現地人従業員に赤痢の予防注射をした。四人が周復（註・後出の西原氏の息子）の送別の宴を五十鈴料理店に設けて、彼が無事に帰郷することを祝った。一一月一七日、事務を担当しても、まだすることがなく、軍属たちがいる中で、かえって申し訳なく、しきりに不安な考えばかり浮かんでくる。故郷に帰りたい思いが一日に何回もわく。いつも悩みがつきないこの身を、どこかに捨てたい。

一一月一九日、タクシー業は良い事業であると思っていたが、それほど良い事業ではない。しかも戦時下の部品が貴重な時節では、故障車がたびたび出ても、修理不能または遅延などで苦しいことこの上なく、乗客からも不平が少なくない。世間のことは、他人のすることは良く見えて、自分がやってみるとそれほどよくないものである。

一一月二五日、大洋倶楽部の西原君の所に行って、夕食を食べ、西原定復君の所に帰り、夜二時に寝た。本当に何の方向もない生涯であることよ。偕行社もこれくらいにして、西原君の所で当分の間、時期を待って何か事業でもやってみようか。ただ、何もかも悩むばかりである。

一一月二六日、西原君の所で当分の間、世話にならなければならないと話したら、西原君もぜひ一緒に住もうと言ってくれた。一二月一〇日、一点の雲もない快晴の澄みわたった空に、月も明るい。シンガポールの空には、まれなことである。

一二月一三日、大山君の所に雇い入れている、カマという支那の女の人は、今日解雇された。

一二月一七日、大東亜劇場の前で皇軍慰問演芸を見ようということで見に行った。超満員であり、入場してそこに加わるのは危険千万、入る余地もなかった。

一二月二〇日、年末の賞与金二百円を受け取った。たった二ヶ月しか勤務していないのに、賞与を貰うのは恐縮である。

一九四四年一月三日、偕行社タクシー部で使用する木炭の配給券を持って配給所に行き、証明を得て、木炭が積んである現場に行って五千斤を受け取り、トラックに積んで帰ってきた。一斤当たり八円八〇銭である。一九時頃まで、偕行社タクシー部の職員、軍属一同と、新年の簡単な宴を開いた。夜二一時頃にカトンへ帰ってきて寝た。

一月九日、偕行社のタクシーによる衝突事故が二件発生した。一件は、浅野物産株式会社社員が乗った乗用車との正面衝突で、人命の死傷はなく、自動車は前面が少し損傷。もう一件は、オートバイと衝突したが、これもオートバイの過失が多く、それほど大きな損傷もなかった。

一月一一日、偕行社タクシー部勤務の西村、中岡、喜多川の三名と、高橋、入柿、横井少尉の間に何か問題が起こって、互いに面白くない点があるようだ。西村、中岡、喜多川の三名の軍属が、野心でタクシー部を害しようとしている様子である。その内容は詳細に知ることはできないが、何か不正があったようである。一月一二日、今まで軍属たちと一緒に食べたりしたが、明日からはそうはできなくなった。

一月一五日、オーチャード・ロードの偕行社タクシー部に出勤した。修理工場で取り扱っているトラックで、人夫五、六名とカトン地区をずっと過ぎ、防火用の砂を一車分のせて帰った。偕行社タクシー部は貨物廠の所属であったが、今月一五日前後を期に、総軍参謀部に移管されるという。

一月一七日、貨物廠でタクシー部の会計、経理事務の監査があった。夜間は、二二時までに自動車を全部車庫に停車させて、車両を検査した。一月一八日、従業員全部を集合させ、貨物廠の関係者が来て点呼した。夜三時頃にカトンの宿舎に帰った。タクシー部の従業員は邦人四名を合わせて一〇九名である。一月一九日、修理工場に勤務中の小坂傳作氏が辞職した。

一月二〇日、偕行社タクシー部責任者の陸軍嘱託の高橋が言うには、貨物廠タクシー部勤務中の自分の弟と私、大山君ら邦人は全部解雇するとのことだ。一月三一日、本日付けで偕行社タクシー部勤務を解雇となるようだと関係者たちに話をした。

このように、朴氏は一九四三年六月一日から九月三〇日まではラングーンの慰安所、一富士楼で働き、一九四三年一〇月一日から一九四四年一月三〇日まではシンガポールのタクシー会社で仕事をした。彼は、このタクシー会社で仕事をしている時にも、かなり頻繁に「菊水倶楽部」に顔を出している。この菊水倶楽部は、朴氏の故郷の友人である西原氏が経営する慰安所で、一九四四年八月八日の日記には「開業二周年の記念日である」と書かれている。朴氏と西原氏は「兄弟と変わらぬ親誼を」抱いて過ごした。

この後、朴氏はタクシー会社を辞め、この菊水倶楽部で帳場の仕事をすることになるのだが、このあたりの記述を次に見ていこう。

慰安所と工場の兼務

一月三一日、本日付けで偕行社のタクシー部の勤務を解雇となることを関係者らに話した。西原君が一緒に住みたいと誘うので、今後は菊水倶楽部の西原君の家で同君と同居することを決めた。西原君夫婦、大山君と一緒に、興南倶楽部で夕食を食べた。大洋倶楽部の西原氏の招待で両国料理店に行き、夜一二時頃まで酒を飲みながら過ごした。そしてケアーンヒル・ロードの西原君の所へ戻ってきて寝た。

二月一二日、特別に水上憲兵へ請願し、西原君、セレターの金村氏と一緒に埠頭に入り、西原君の夫人のほか数人を送別した。帰郷する人を見ると、故郷の人と一緒に帰りたい気持ちが強くなる。二月二四日、近頃は、曇雨天で、気候がとても涼しく、まるで朝鮮の秋涼の時節のようだ。さらに夜間には門を閉ざし、布団をかけないと寒いほどだ。

二月二七日、金岡秀雄氏が、ケアーンヒル・ロードの延安氏の居る住宅を、家財道具も含めて代金一万四〇〇〇円で買い入れると約束し、金岡氏が物目記載のために行こうというので、延安氏宅へ行き、物目を記載してきた。二月二八日、延安氏が居住している家屋と家財道具に賃借権まで入れて金岡氏に売り渡したが、本日その代金一万四〇〇〇円を金岡氏が支払った。夕時、延安氏の招待で、西原君と高島、金岡氏と、両国料理店で酒を飲んで過ごし、夜二四時頃に帰って寝た。大山昇君も偕行社のタクシー部を解雇となり、西原君の所で雇われることになった。

三月二六日、日曜日であるためか、倶楽部の収入が一、六〇〇円余りもあった。倶楽部を開業して以来の最高収入だという。

四月一五日、慰安婦を募集するため帰鮮した大洋倶楽部の主人、西原武市が、来たる七月に京城から出発する予定だと西原菊次君宛に電報が届いた。

五月七日、一四時頃、倶楽部組合事務所で営業主らが集合し、組合長の帳簿記載方式の説明を聞いた。

五月二八日、シンガポール憲兵隊で勤務している古賀准尉が今般、内地へ転勤することになり、近いうちに出発すると挨拶に来た。五月二六日、前年九月頃、菊水倶楽部からティモール島の方へ行った李玉梅という女子が、今日シンガポールへ帰ってきたとのことで来ていた。

六月六日、朝飯を食べて永福産業会社に行き、社長の永福氏の印章を世帯人員異動届の町内会長のところに押してもらおうとしたが、総務部長が外出していて果たせなかった。一六時過ぎにボーイが富士倶楽部の自動車で物資配給所まで来ていたので、配給品を受け取って自動車に積んだ。

食糧配給所（『日本のシンガポール占領』2007）

六月一一日、金岡秀雄氏は、シンガポール居住の手続きが思うようにならず、当局から帰還するよう言われたため、やむを得ず帰郷するつもりだと言っていた。

六月一二日、横浜正金銀行の支店に行き、金川光玉の送金許可書を貰ってきた。夜一時半頃まで事務をした。六月一三日、四月に帰還した郭玉順の送金を彼女の帰還のすぐ後にしたものの、未だ受け取っていないと二回も電報が来ていた。六月一六日、朝飯を食べて、銀行に行き、稼業婦の貯金をしてきた。六月一七日、新しく入ってきた宋明玉のことで特別市保安課営業係の坂口氏に会ってきた。稼業婦の特配米を受け取ってきた。

朴氏の日記によれば、午後二時の仕事を始める前までは「朝、シンガポールのケアーンヒル・

ロード八八号の菊水倶楽部で起き、ボーイを連れて市場に行き買い物をした」そしてその後は「帳場のために座っていた。夜一時半まで月末報告書を作成して就寝した」というのが、彼の典型的な日常であったようだ。彼らが仕事をする時間とは、すなわち軍人など客の出入りが始まる時間であろう。その他、倶楽部組合の事務所で防空当番をしたり、銀行などで様々な入出金や送金をしたり、配給などを受けとりに行ったりしている。

その後、朴氏は一九四四年六月中旬から、この菊水倶楽部の帳場と、家屋を借り受けた東亜商会の事務を兼務した。この事務所が軍御用達の西原澤龍氏と関係していたため、打ち合わせを兼ねて三、四人の知人と西原氏が集まり、両国食堂に行って酒を飲んだりもしている。

新生昭南島の建設譜

港灣造船所着々復興

再び戰爭前の繁榮へ

「新生昭南島の建設譜」（中外商業新報、昭和17年）

さらに朴氏は、菊水倶楽部の営業主の西原氏が依託経営をしている北岬の暁白木部隊（陸軍船舶部隊の総称）の軍需工場の事務員としても働くことになった。この事務所はマレー新聞社の東側にある元・東亜商会であり、工場は北岬にあった。六月二一日の日記には、「今般、西原君は某部隊の指定商人となる承諾を受けた」という記述がある。

朴氏は毎日忙しい作業に誘われ、しかし断るわけにもいかず、早朝から起きて夜遅くまで部隊の仕事をやって帰ってきて、夜は帳場の仕事をしなければならなかった。彼は、部隊の「指定商人」と「軍指定慰安所の帳場人」を兼ねたのである。そのために「体が持たない」と書いている。

川田文子氏の著書『戦争と性　近代公娼制度・慰安所制度をめぐって』（明石書店、一九九五年）によれば、慰安所の形態には三つあるという。①軍直営の慰安所、②軍の管理、統制のもとにある、軍人軍属専用の慰安所、③既設の売春施設を軍が指定して利用したもの、である。その分類によれば、朴氏の慰安所は③に当たるのではないかと思われる。

こうした激務がたたったのか、朴氏はその後、体調を崩し、ついに帰郷を決意する。次に、このあたりの記述を読んでみよう。

朝鮮への帰郷

九月二四日、中央病院に診察を受けに行ったが、日曜日で休診のため、そのまま帰った。ご飯を少し食べ、体が痛いので終日、何の仕事もせず休養した。九月二五日、中央病院に行き、診察を受け、薬をもらって帰った。血液検査のため血液を採った。九月二七日、診察を受け、注射をして帰って来た。一〇月一四日、今般、病気で体が弱くなっていたので帰郷を決心し、今日、旅行証明申請願を提出した。

一〇月二三日、故郷の大邱からは「送金受け取った、無事、今は帰ってくるな」という電報があったのに、京城の尹娥重（註・四月に帰郷した共栄倶楽部の慰安婦）からは「急事在り、いつ帰ってくるか即答せよ」という電報が来ていた。

一一月二日、特別市の保安課分室から旅行証明が出来たと連絡があった。一一月一一日、南方運航会社から内地帰還者は検疫を受けるように通知が来た。自分はまだ送金許可も受けていない上、未整理の事もあり、どうしようかと悩んでいるところではあるが、万事を西原氏に付託して出発したいと思っている。

一二月一五日、南方運航会社に行って便乗の件、手続きをして、検疫所で検疫を受けた。一六時に停泊場に行って乗船票を買い入れた。金岡秀雄氏の招待で、みなみ食堂に行って、お酒を飲みながら過ごした。夜二時頃、荷物を準備して寝た。一二月一六日、横浜正金銀行に行って、許可された三万九〇〇〇円を送金し、検疫所に行って検疫証明書を受け取ってきた。一三時過ぎに稼業婦の皆と別れの挨拶をし、停泊場集合所に行って手荷物の検査を済ませ、一七時頃、阿波丸に乗船した。船内での第一夜を過ごすことになったのだ。西原様が、後日飛行機便で行った方がいいと強く引き止めたのも顧みず、別れることとなったのだが、停泊場まで見送りにきてくれた。一二月一七日、船の中で初めて一晩を過ごした。

なお、船には乗り込んだものの、一二月一七日から二五日まで九日間、朴氏の日記には「船は（港外に）停泊中」というような記述が続く。そして、いよいよ朴氏の日記も終わりに近づく。

一二月二九日、金曜日、晴天、今日は暴風が遠のき、海面も穏やかになっている。一一時過ぎ、サンジャック港（註・ベトナムの港）に停泊した。出航後、満三日かけて、この港に着いたのだ。一八時頃、再び出港した。

一二月三〇日、土曜日、晴天、終日航海し、一八時頃カムラン湾に入港し、停泊した。

一二月三一日、日曜日、晴天、今日で昭和一九年も終わりだ。自分たちが乗っている船は、日の出の八時頃に再び出港し、航海を続けている。終日航海していたが、一八時頃には佛印海（註・佛領印度支那海）の某湾に停泊した。

——朴氏の、二年間にわたる日記は、ここで終わっている。

第二章　慰安婦たちはなぜ死んだのか

山本（李）龍宅氏は、ビルマの慰安所「勘八倶楽部」の営業主であり、日記を書いた朴氏の、大邱に住む妻（小室、つまり妾《めかけ》）李仁祚氏の兄弟である。つまり山本氏は、朴氏の「妻男」、妻の兄弟ということになる（一般的に「妻男」は弟を指すが、日記からは長幼の区別がつかなかったので、ここでは「妻の兄弟《きょうだい》」としておく）。

彼女には二人の兄弟がいた。兄の李龍宅は釜山に、弟の李英治は大邱に住んでいた。朴氏は、この李（山本）龍宅氏と一緒にビルマに来た。慰安婦を募集して南方へと発つ義兄弟に合流したのである。

ある時、プローム方面に行って来た文野、広田両氏が朴氏に伝えたところによると、「アキャブ方面で慰安所の主人が女子二名を連れて出て『遭難』し、主人と女子一名は死亡し、もう一名は重傷を負った」という。この話を朴氏が聞いて、もしや妻男の山本氏ではないかと心配している（4／24）。

心配なので、朴氏は、夜八時ラングーン駅発の列車でプロームに向かった。四月二六日の午後六時過ぎにプローム駅に到着した朴氏は、慰安所の東亜館と蓬莱亭を訪ねて妻男の消息を大体聞き、蓬莱亭の主人の野澤氏と病院に行き、妻男と一緒に来たという傷痍軍人に尋ねて、「遭難」の確かなことを知った。しかも、朴氏の助手であった（新井）世桓君と女子二名の、合わせて四人であるという。それを聞いて朴氏は「胸中が苦しくて、どうしたらいいのかわからない」と書いている。

日記の記述によれば、一九四三年四月一四日、山本氏と世桓君がビルマのアキャブから三人の慰安婦を連れて帰る途中に「遭難」して、山本氏と世桓君、慰安婦の奉順、金新梅の四名は死亡し、もう一人の慰安婦、張善岳（澄子）は負傷したという。だが、朴氏がこれをはっきりと確認できたのは、もっと後のことである。日記には、朴氏の苦悩が綴られている。

つらくて胸がはり裂けそうで、どうすればいいのだろう。故郷の家族にどんな面目で対面するのか。一緒に死なずに生きていることは間違いだ。この不幸な知らせを父母、妻子が聞いたら死のうとするだろう。しかも世桓君は二四歳の前途洋洋たる青年なのだ（4／27）。終日どこにも行けず、妻男（註・山本氏）の運命を思い、溜息をつくだけであった。数万里離れた他国で激浪と戦い、ビルマまで来て無事に過ごして、帰国しようとする途中にあったこの不幸は、本当に胸が痛む（4／28）。

五月一日、軍司令部の矢野少佐の副官に面会し、妻男一行の遭難の件を話したが、山添准尉副官に相談するようにとのことで、山添副官に話したところ、タンガップまで行って状況を詳しく調べてくるようにということだった。

五月二日、渡河のところに行き、タンガップ行きの軍部の自動車の便に便乗させてもらえるよう話し、二〇時少し過ぎにバトン（註・パダン）を出発し、千回萬曲のこのアラッカンの険しい山路を、夜間運行で越えていった。一月に一度越えた後、もう越えることはあるまいと思っていたが、このたびの不幸事でまた越えることになった。

五月三日、タンガップに無事到着し、まず患者療養所を訪ねて張善岳に会い、悲しみを禁じ得ない話を聞いた。遭難の事情もよく分かった。妻男と世桓君、奉順と金新梅の四名は不帰の客となってしまった。アキャブ司令部から、アキャブ方面に赴任していく山口中尉に、この妻男の遭難の事情を調査してくるようにという電報が来たとのことで、彼が療養所を訪ねてきたので、遭難の事情を話し、悲しい怨情と遺骨その他の処理の件を涙ながらに嘆願した。一日でも早く発つように準備して、自動車輸送部に便乗する許可を受け、張善岳（澄子）を連れてまたアラッカンの山路を越え、一曲がり、二曲がり、バトンに向かって過ぎた。この歩みがどんなに悲しいか、胸中いっぱいになった悲哀は、アラッカン山の雄大な姿とともに永遠に消えないだろう。

五月四日、夜が明けるまで走る部隊の自動車は、荷車ではあるが山路をよくぞ走り、無事にバトンに到着した。イラワジ河を渡り、プロームの蓬莱亭の野澤氏の家に立ち寄った。負傷した張善岳をプロームで、軍医に頼んで入院治療できるようにビルマ人の女子看護婦一名をつけておいて、蓬莱亭で夕食を食べ、二一時発の車でラングーンに向かった。アラッカンの山路を心配したが、神の助けなのか無事に往復した。

五月一一日、プロームで治療している張善岳の簡単服を、新井、山本両氏の婦人に頼んで作ってもらうことにした。

五月一八日、プロームに到着した。蓬莱亭の野澤氏のところに行き、治療を頼んでいた張善岳に会った。これまでの治療がうまくいき、とてもよくなっていた。治療してくれた軍医にありがとうございましたとあいさつをし、食事その他の世話になったことに対し、野澤氏に感謝のお礼を差し上げた。野澤氏のところで夕食を食べ、張善岳を連れて、プローム駅二一時三〇分発の列車でラングーンに向かった。五月一九日、ラングーン郊外のインセン駅で下車し、張善岳と、カマヨにある三益商会に到着した。

五月二〇日、軍司令部の副官部の山添准尉のところに行った。まだアキャブから司令部に、妻男の遭難に関する報告はないという。六月一一日、アキャブから来た憲兵が私のところに来たので、妻男の遭難の件と我々の慰安所についての事実を話した。

七月二日、ラングーンの軍司令部に行き、副官部の山添准尉から、澄子（張善岳）についての診断書面を受け取った。妻男の遭難の件を本家に電報で知らせた。七月六日、釜山に住んでいる妻嫂（註・妻男の妻、つまり山本氏の妻）に電報を打ち、妻男と他の三名の不幸を少し詳しく知らせてあげた。

八月二九日、兵站司令部へ行って来た。アキャブから出てきた小夜子と蘭子、恵美子の三名が、妻男以外の三人の遺骨を持って来てくれた。遺骨を受け取った私は、本当に何の言葉も発することができず、悲愴な気持ちになった。遺骨を祀って香をたき、再拝した。小夜子が引率してきた慰安婦一同は今夜三時、車でタウンギに向かって出発した
八月三一日、松原分任と一緒に、妻男以外の三人の遺骨を持ってラングーン兵站司令部に行き、遺骨係に預け、奉安することにした。

九月七日、南方開発銀行に行き、送金の手続きを終え、正金銀行で釜山の妻嫂、山本在連氏に、弔慰金として受領した金五〇〇円を送った。

（註・それから一年後の）九月一〇日、昨年八月末にラングーンの兵站司令部に預けた妻男以外の三霊の遺骨を受け取っておいて、私が帰郷する時、一緒に持っていくために、今日ラングーンへの往復旅行証明願を提出した。大邱の妻に妻男の遺骨を受け取ったか電報を打った。妻男の遺骨を昨年、部隊に依頼して本籍地に送付するよう措置したが、まだ送っていないようなので、妻に電報を打った。返事を待って、もし送っていないようならば、ラングーンまで行ってこなければならない。

――以上が、「遭難」の、おおよその顛末である。

戦死か事故死か

この、朴氏の日記に書かれた「遭難」とは何だろう。その言葉自体には、自然の災難のようなニュアンスが強いが、この「遭難」は、現地の戦況と関わりがあり、おそらく戦争による戦死傷ではないかと思われる。

つまり、彼らは戦争の犠牲になったのではないか。ただ、軍人ではない人たちだから戦死者とは言わず、兵站が処理した、というように感じられる。

朴氏は、ただ送金のためにラングーンに来たのか。彼は戦況による身の危険を感じたのではないだろうか。特に山本氏は慰安所、勘八倶楽部の営業主であり、その地域の慰安業のリーダー的な存在だったのではないかとも考えられる。そのため、山本氏は戦況の緊迫性を知って、儲けたお金を朴氏に頼んで送金するように指示してからアキャブを引き揚げようとして、その帰国の途中に、不幸な遭難に遭ったのかもしれない。

彼らの「遭難」とは、インパール作戦などに代表される激しい戦況の中で起きた戦死なのではないか。日本はビルマにおいて、仏教信仰の民族を中心に支援を受けながら戦争をし、一方のイギリスはイスラム教の少数民族を中心に政策を立て、双方が対立して結局、日本軍が敗退したとされる。こうした戦況から考えて、この「遭難」は戦争を指すものであろうと考えたわけである。それは、軍の兵站が処理していることでもわかる。しかし、これをもって、慰安所が軍施設だということを十分に証明することはできない。

このあたりの様子を、もう一度まとめてみる。朴氏はまず、その遭難のことを聞いて、事実を確認するための、プローム行きの列車の中で夜を明かした。石炭を焚かずに木炭を使用する列車なので、停車時間が長くかかり、朝九時頃に到着する予定の列車が一六時にやっと到着したという。一晩中、車内に座って、足が痛く、熱と頭痛があり、死にそうだった。弓部隊の連絡所長の塚本少尉をさがし、アキャブを出た女子たちのお世話を依頼し、喜楽館で夕食を食べて寝た。

妻の兄弟（妻男）の遭難の件と、その慰安所についての事実を知った。またアキャブの慰安所にいる慰安婦の照子から、慰安所の女子たちは部隊と一緒に一、二ヶ月後には移動するという話を聞いた。プローム方面に行っていた文野氏が言うには、慰安所の女子一五名もアキャブを出てタンガップにいて、二、三日うちにプロームに到着するという。

アキャブから出た小夜子と蘭子、恵美子の三名が山本一行遭難者のうち、山本氏以外の三柱の遺骨を持ってきた。その遺骨を持って、ラングーン兵站司令部に行って、遺骨奉安所に奉安を頼んだ。ラングーンの南方開発銀行に行き、送金の手続きを済まして、正金銀行で釜山に住んでいる山本氏の妻である山本在連氏に、弔慰金として受領した金五〇〇円を送った。

負傷して治療中であった張善岳（澄子）は、蓬莱亭主人の野澤氏の厚意により、その地で入院治療中である。その張善岳を連れてラングーンに戻った。ラングーン市外のインセンにある村山氏宅に六月から八月まで泊まり、張善岳氏は負傷した所が完治し、再び慰安婦の営業をするようになった。

そうこうするうち、山本氏の一周忌を迎えた。「故郷では、この日に当たって限りない悲痛にひたっているだろう」

以上を読むと、二人の慰安婦の死者をなぜ「軍に」報告して処理し、彼女らの遺骨を（新井世桓氏とともに）なぜラングーンの「兵站司令部」に預けたのか、という疑問が残る。ニュアンスとして、五〇〇円は軍から出た公金であったと思われる。

軍人あるいは軍属などの、準軍人として戦死したことになったのだろうか。なぜ将校が調査をし、軍医に頼んで軍の施設で治療をし、遺骨を取り扱い、弔慰金が出て、それを送ったのか。これは、前出の元慰安婦、文玉珠氏が「軍属扱い」と証言したことを裏付けるものではないかと思われる。

朴氏は、その山本氏の一周忌を迎え、「故郷では、この日に当たって限りない悲痛にひたっているだろう。私もこの日を忘れず、亡くなった山本氏の写真を取り出し、再拝して黙祷した」と書いている。

山本氏一行の「遭難」は、帰国の途中に起こった、あまりにも不幸な事故であった。「私一人で故郷に帰ることを考えると、全くあまりのことにあきれてしまう」と彼は書いている。

愛する家族の死

先ほど少し触れたように、朴氏には二人の妻がいた。それぞれに子供がいる、二人の妻を持っていた。彼は慰安所の帳場の仕事をしながら、それらの家族を養っており、彼の仕事は、いわゆる出稼ぎ労働であった。それらの家族に対し、「故郷の父母、兄弟、妻子を思い、幸福を祈った」と、常に懐かしがりながら、仕送りや手紙などで連絡、通信を続けた。

このように朴氏は、二つの家族を養っている家長であったが、妻と「小室（妾）」を、同じ「室人」と呼んでいるように、彼は二人の妻のバランスをとっていたようである。日記では、二人の詳しい情報については書かれておらず、二人を紹介するような文はないが、妻と小室とそれぞれの子供、他の家族への思いやりや愛情、扶養などに対する意識を見ることができる。特に、小室（妾）との娘には愛情を強く持っていたが、彼女は病死し、彼の失望と落胆は強かった。生まれ故郷の進永には本妻と子供がいるが、彼らの存在感は薄い。送金回数や額も少ない。「本家に打電」（1／25）とあるように、時には「故郷の妻」あるいは「本家」というように、日記には「故郷の室人」（本妻）と「小室」（妾）を区別して記すことはあるが（3／7）、なかなか区別し難い部分もある。

彼は、この小室を夢で見たり、娘の言葉と行動を日記に書いたりしている。そして、「小室」

と一回は書いたが、それも避けて、あとは本妻と区別せず「室人」と書いた。この「室人」という呼称は本妻にも使われていて、わざわざ区別する場合は、「故郷の室人」「大邱の室人」（小室）などと表記している。この小室については「室人の李仁祚」と実名も書いているが、本妻の名前は書いていない。

朴氏は日記において、特に家族に関しては、自分の気持ちや感情を正直に書いている。あるとき、生まれ故郷の金海の進永に住んでいる親族から悲報が届いた。一九四四年一〇月一七日、故郷の進永の親族、写烈から電報が来て、「妻死亡、子ども困難、早く帰ってきてほしい、返事せよ」という。この本妻との間には二人の子供がいるが、彼らについては、日記には詳しく記されていない。ただ、妻の死亡という悲報を聞いて、悲しみを次のように書いている

胸が裂けるほど苦しく、何がなんだか分からない。妻まで亡くなると、私にはまさにこれから何の希望も、幸せも、何もないだろう。今春三、四月頃に帰郷しなかったことが後悔だ。どうして私の人生はこんなにも不幸、不運ばっかりなのだろうか。神様も酷いことをするものだ。

その翌日の一〇月一八日、進永にいる親族の写烈と、妻の兄弟の山本龍宅、大邱の妻（妾）に電報を打っている。本妻の情報はほぼないが、頻繁に登場するのは、この大邱の妻である。

彼女との間には、息子と娘の二人の子供がいたが、ともに病弱で心配していた。手紙、電報、送金などで消息を知り、人を通して安否を聞くなど、濃密な家族関係であったことがわかる。安東の新井久治氏の家を訪問した際には、家事の諸般の事情について手紙に書いて頼んでいる。この妻の父（義理の父）が前年の、息子の山本龍宅氏「遭難」の悲報を聞き、間もなく病気になり、長いあいだ呻吟したが死去したという記述もある。

彼は、シンガポールに無事到着したという消息の電報を打った。室人（大邱の妻）に送金の受け取りの確認と、娘の裕子の病気について速やかに知らせてほしいという電報を打った。電報を打ったが、返電がなく、再び妻に打電した。電報を打って六日も過ぎたのに、まだ返電がない、と書いている。

この日記では、朝鮮にいる義兄弟、つまり山本（李）英治から葉書が届き、その葉書によると、長女の貴東の病気が治らず、昨年二月頃に亡くなったという。また、長男の康豊（在東）も病により病院で治療を受けているという。ここで、「裕子」と「貴東」は同一人物であることがわかる。おそらく「裕子」は、創始改名による名前だと思われる。彼は、娘の死に対する悲しさと失望を次のように書いた（8／30）。なお、息子の康豊（在東）は、その後「無事」という電報が来ている。

私が南方に来るときは、病体を押して釜山埠頭に出て送別してくれた、私のかけがえのない一人娘が、その間、病気が治るようにと神様に一日も欠かさず祈ったのに、亡くなったということか。それに長男まで病気だということ。信じられないし、私の家庭はもうなくなってしまったのだ。溢れ出る涙を禁じる道理はない。ああ、一日も早く治り、健康な体で学校に元気に通うことを願ったのに、神様も心ないことをするものだ。私の将来は、もう幸福も栄華も全てなくなってしまった。裕子は昨年一六歳、女学校三年生だった。

朴氏は遠く離れても家族を大事にしている。日記にも、「裕子（貴東）は長く病気でつらい思いをして、父親と顔を会わせることもできない恨を抱いたまま、この世を去ってしまった」「長女の裕子のことを考えると、涙に暮れてしまい、一日も早く帰郷したい」と書いている。

また彼は、家族だけではなく、他人への配慮もある。友人の大山氏の幼児が亡くなった時は、「過去に私も幼児二人を死なせた関係で、このような悲惨なことを見ようとは思わなかったが、また見ることになってしまった」と書いている（10／29）。そして火葬場に行き、大山君の幼児の遺骨を拾い上げ、本願寺に遺骨を預けた。ひとつかみになるかならないかくらいの、小さな遺骨である。彼は、「人生の最後は皆このようになるのだ」と書いている（10／31）。

ほかにも、金岡秀雄氏の妻の兄が前年の五月八日に広東で亡くなったが、今日がその一周忌の祭日だということで、その霊前に再拝をしてきた、という記述もある。

第三章　慰安所日記を読み解く

私はこの日記を紹介するたびに、日本人から「韓国人も日記を書く習慣があるのか」と何度も質問された。その質問は、韓国人にも真面目な人がいるのか、と言っているようにも聞こえ、思わず反問したくなった。

私も半世紀ほど日記を書いているし、韓国にも日記を書く人はいる。ただ、日本ほど一般的ではないかもしれない。その日本も、西洋文化の影響を受けて近代風の日記文化が定着したといわれている。

日本においては近代以降、とりわけ学校教育を通じ国民に毎日日記をつける習慣が培われるようになったといわれる。そうした習慣を後ろ押しするかのように博文館などの大手出版社から格言や反省の項目を盛り込んだ種々の日記帳が商品化されていった。

（武内房司『日記に読む近代日本（5アジアと日本）』吉川弘文館、二〇一二年）

武内氏が右に書いているように、日本においては近代以降、学校教育を通じて、国民に毎日日記をつける習慣が培われるようになった。そして日本には、少なくない数の従軍日記が残っている。一九三〇年代から一九四五年までのアジア太平洋戦争中、従軍兵士が書き残した日記がアメリカ軍の手に渡り、そこから情報収集されていたという事実も、対戦相手の彼と我の差を感じるが、同時に日本兵がそうした日記を数多く残していたことから、戦場で兵士が日記を書く習慣やその伝統性を見ることができる。

朝鮮でも、日本の植民地教育として日記を書くことが教育され、数少ないが実物も残っている。韓国で近代風の日記を書くようになったのは、植民地朝鮮において日本の教育が定着していったからであろう。したがって、日記帳や、その形式などは、日帝時代のものと共通する点がある。

日本には昔から、当用日記帳などの形式の日記帳がある。たとえば「ライオン当用日記」には、本文記事、特別記事、手紙の送受信、天気、気温、起床・就寝時間を書き込む欄が印刷されている。実際、植民地時代の日記の中には、このような日記帳を使用した例もある。「ライオン当用日記」は縦書きのものであり、本書で扱う慰安所帳場人の日記も、その内容からは、やはりその日記帳の影響と思われるところがある。たとえば日付や気温などと、年中行事の書き方が、ある程度は別の市販品であっても、もともとはその日記帳がモデルになったのではないかと思われるのである。

元号は元々中国から発し、東アジアに広がったものであるが、現在も使われている国は日本、台湾、北朝鮮だけである。朴氏の日記は、太陽暦が主であるが、旧暦である太陰暦も併記しており、一九四四年は閏年《うるうどし》であるので、二月は一日増えて二九日までとなっている。なお、当地には「酌婦日記帳」というのもあったようで、「特別市保安課に行って、先日検閲のために提出していた酌婦日記帳を受け取ってきた」という記述もある(12/14)。

朴氏は、四月一三日に「今年の当用日記帳が書店で並んでいたので、すぐさま一冊を買ってきた」と書いているが、実際には、この二年間の日記は、普通のノートを使っている。ただ、当用日記のフォームについては、知っていたと思われる。

彼は帳場人であり、帳簿を記入する仕事を終えてから日記を書いたり、あるいは朝起きてから前日の日記を書いたようである。万年筆で書いていることはインクの色からわかる。時には数日間のものをまとめて書いたような個所もある。同様に、「昭和一八年も今日で終わりだ。本年最終の日記をつけるに当たり、去る一年を回顧しよう」という記述もある。

本書で対象としている日記は、一九四三年一月一日から一九四四年一二月三一日までの二年間、ビルマとシンガポールでの、慰安所の「帳場」で働いていた頃の日記である。

この日記には、慰安婦に関して、多方面に及ぶ情報が含まれている。まったく私事のメモのようなものでもあるが、東南アジアにおける日本軍の占領地の歴史に関するものであるともいえる。しかしこの日記は、基本的には私事に関する記録であって、慰安所の経営に関する事務的な日誌ではないことから、慰安所の経営に関する体系的な情報までは提供できないという限界がある。

日記は膨大な量であり、ここでは、ビルマやシンガポールの慰安所に関する情報を中心に、分析していきたいと考えている。

一月三〇日　土曜日　晴天

朝、ビルマ、ラングーン市のゴットウィン路のラングーン会館で朝を迎えた。三井物産会社の三階の日本人会に行き、入国許可用紙および日本人会への入会届用紙をもらって帰った。白水館で夕食を食べ、ラングーン会館で寝た。市内の成武堂書店に行きビルマ新聞購読の申請をし、創刊号から今日までの分をもらった。ビルマ新聞は今年一月一日から発行されていた。

彼はビルマ新聞を購読した。ラングーンでビルマ新聞を、岩下氏に代金の五か月分、二円五〇銭を支払って定期購読した、という記述がある。大邱にいる娘の裕子にビルマ新聞を郵送したこともある。その新聞から、東京市を東京都に名称を改正したそうだとか東條内閣が総辞職したなどの情報を得たのである。

私はこの日記から、日本軍の慰安婦に関する調査、研究において有益な情報を得られるだろうと思った。なぜならば、こうした期間において日記を書いた朴氏は、何らかの形で慰安婦の募集と慰安所の経営に関与していたと思われるからである。

そして、いまだ発見されていない一九四二年の日記には、朝鮮における慰安婦の「募集」と、ビルマにおける慰安所への慰安婦の「配置」の過程に関する情報が記録されている蓋然性が高いと思っている。だが、先に指摘したように、それでも基本的には、この日記は、朴氏の個人的な生活の記録である。

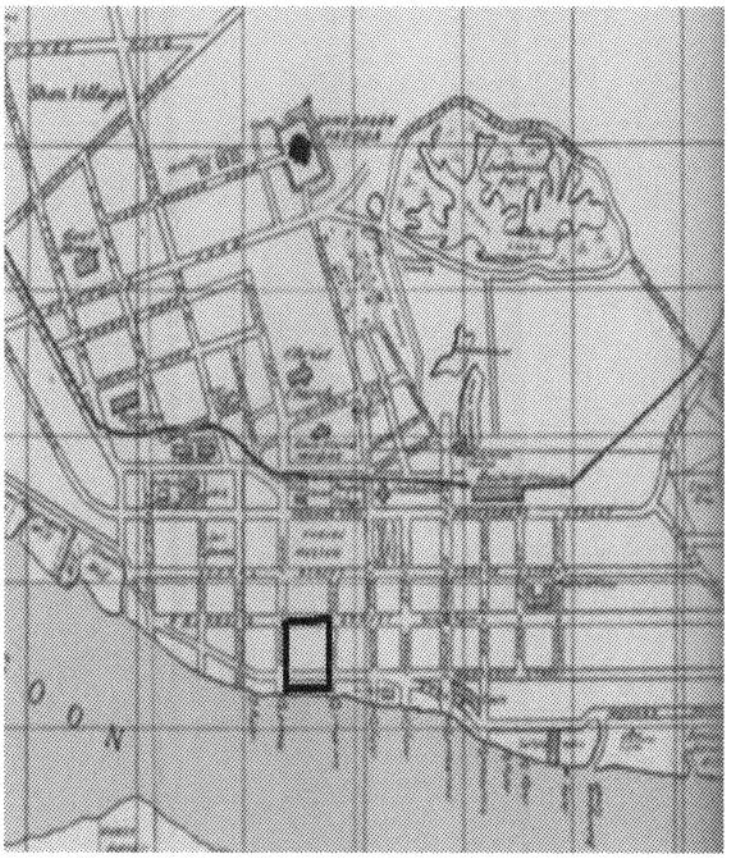

ゴットウィン路（下の黒い四角の部分）

この日記の現在の所蔵者の説明と、安秉直氏の解題により、かなり詳しい情報を得ることができる。私にとっては、本日記と深く関連するものとして、戦争期にビルマで書かれた『高見順日記』と、他の多くの戦争体験記などが参考になった。この日記を読むことは、私にとって、ビルマ戦記やシンガポール陥落などに関する文献を読むことでもあった。

また、朴氏の日記は塩川優一氏の日記と書き方がほぼ同様である。そのため、塩川優一氏の著書『軍医のビルマ日記』や『菊兵団 軍医のビルマ日記』（ともに日本評論社）が参考になる。彼は日記に、以下のように記録している。

私は戦争中書き続けた日記をようやく待ち帰ることが出来た。しかしその間には多くの困難があった。まず、太平洋戦争終了後のサイゴンにおける武装解除の時、日本軍の全員が連合軍の命令により、持っているもの（軍隊では私物と言った）を全部提出させられた。私は拳銃、軍刀、時計などは差し出したが、日記だけは持っていた。また、帰国の時にもフランスの税関吏が持物を調べたが、私はこの日記を、鞄を二重にした底に入れて発見を逃れた。（中略）

日本の陸軍は機密保持のために、戦場で日記を書き、それを持っていることを厳重に禁止にしていた。また、玉砕などで戦死が確実になると、日本軍の編成、行動が分かるものは階級章などすべて焼却するか土に埋めることとされていた。それにもかかわらず、多数の将兵が密かに日記を書いていたという事実は、いかに日本人が日記好きだったか、ということを示している。すべての日本人が、自分のアイデンティティを、何らかの形で後世に残したいと考えている証拠なのかもしれない。または、日本人は日常、表面は穏やかにほほえんでいるが、一方自己の内面に潜めた喜び、悲しみ、不満、怒りを日記に書くことにより発散し、その結果平和な社会を維持してきたという見方が出来るかもしれない。すなわち、日記は日本社会の重要な潤滑油の作用をしてきたといえるのである。

ところが、戦争の時の日記は、大変な問題を起こしていたのである。書いた日記は自分が携帯している分には問題ないが、敵の手に入ると困ったことが起こる。その一例を挙げると、太平洋戦争のビルマ戦線で、ある戦死した将校の日記が連合軍に押収され、それが中国で出版されており、それには遺族の方が見たら誠に恥ずかしいと思うような私行がありありと書いてあり、それが公表される羽目に至ったのである。

それはまだよい方である。最近、ルイーアレン『ビルマ 遠い戦場』（文献四）を読むに至って、私は強い衝撃を受けた。イギリス軍は日本軍占領下のビルマの隅々、そして日本軍の周囲に情報網をめぐらしていたが、イギリスの情報収集に著しく役立っていたのは、日本軍戦死者から獲得した膨大な文書、特に日本軍将兵の日記であった。イギリス軍には日本人二世の軍人がおり、彼らによりこれらの日本語で書かれた文書はただちに解読され、司令部に報告され、ただちに次の作戦計画の資料になったのである。

朴氏の日記を読むときに、参考になる映像記録、日本軍が製作したドキュメンタリー映画がある。それは戦争中に製作されたプロパガンダ的なものであるが、記録そのものはドキュメンタリーであり、事実を客観的に読み取ることができる。この映像「ビルマ戦記」（陸軍省監修、一九四二年）は、この地域の戦争状況を知る上で有効なものである。

従軍カメラマンがビルマ各地の戦地に赴いて撮影したものであり、戦争に協力するビルマの人々の、めずらしい映像もある。映像にはナレーションが流れ、そこでは、イギリスがビルマを利用しながら開発していなかったということが繰り返されている。

八割の農民と国を支配しながら、インド人に材木やお米を持っていく。油田やガスも取られ

ビルマ人たちが日本軍を歓迎（「ビルマ戦記」）

従軍記者が写真を撮っている（「ビルマ戦記」）

た。日本軍が昭和一六年一二月一三日にモルメンを占領、イギリス軍の捕虜をとった。日本軍は住民に歓迎され、水や菓子などをもらう。

一七年五月三〇日、ラングーンからラシオまで鉄道が開通した。船を足で漕ぐ場面や、生活の様子なども入れてある。従軍カメラマンの記者が写真を撮影している映像もある。

他者の日記を読むということ

私は長いあいだ日記を書いているが、これは、人から読んでもらいたいものではない。自分で読み返してみると、懐かしさがあり、傷ついたことや嫌な思い出も浮かんでくるが、私の日記は絶対に公開されたくない。それはただ、自分が生きた証《あか》しでしかない。私の日記は、死ぬ前に焼却するつもりである。

私は、このように日記を書く者の心情から、この日記をどう読むべきかを考えた。自分自身が何かを覚えておくためのメモとは異なって、日記には毎日の日常生活と、その人の心が書かれている。ごく日常の事が、時には注目されることもある。それゆえに、人によっては日記を書き残したり公開したりもする。

日記はそもそも、読者を相手にしていない文である。飾ることも磨くこともない文である。しかしそれが場合によっては、公になって研究されることがある。

今、私は他人の日記を読もうとしている。他人の日記を読むということは、どういうことだろう。それは、その人の心を読み、真意を理解し、その人に会うことでもある。だから、十分に心配りをしながら読むべきである。

先ほど少し触れた、日本の日記文学として有名な『高見順日記』は、日記と言うよりは日誌に近い。高見順は、ビルマに陸軍報道班員として派遣され、一九四二年一月頃から始まった日本軍のビルマ侵攻作戦について歩いた。

それから一年ほど日本軍軍政下のラングーンで、新聞・雑誌の編集・発行、ビルマ文学作品や映画の検閲などにかかわった。ビルマの文化人や知識人との交流もあった。日本軍による「東亜の解放」を、出版物や催し物を通して占領地の人々に宣伝した。

『高見順日記』（勁草書房、一九六六年）の第一巻の後半と第二巻（上）が、ビルマ作戦に従軍した時期と、ラングーンに滞在して活動した時期のものである。その日行った場所、会った人、読んだ本（ほとんどが英語でビルマについて書かれたもの）、仕事柄鑑賞した映画（インド映画を含む）や演劇などについて、概要と感想・印象などが、こまごまと綴られている。戦後になって彼は、「今からみると、この日記のなかで非礼にわたる言辞のあるのは深くその諸国民に詫びたい」（第一巻序）と書いている。

高見が当時ラングーンで見た映画の中には、一九三〇年代の日本＝ビルマ合作映画『日本娘』もあった。この映画は一九九〇年代に日本でフィルムが見つかり、日本で『ニッポンムスメ』として再上映されて話題になった作品である。さらに、随所にみずから描いたと思われる民族楽器や髪型などのイラストもあって興味深い。

そんな高見順は、ビルマを舞台にし、ビルマ人を主人公とした作品も残しており、どの作品にも、作家・高見順の、人間の生き様を鋭く見抜く目が感じられる。また、好意的に見れば、独立に意欲を燃やすビルマ人の群像をも、きわめて人間らしく生き生きと描いている。高見順がラングーン滞在当時に知り合ったビルマ人作家たちが戦後来日し、高見順の戦時中の活動を大いに評価し、感謝の意を表したという。

こうした日記と似ているものに、手紙があるが、手紙にも日記と同様、年号や日付など一定の格式がある。日本人の、こうした日記や手紙を中心とした文字文化（written culture）は、韓国とは異なるものである。

現地での華やかな暮らし

この日記は、繰り返すように、慰安所をめぐる日常的な生活記録である。慰安所帳場人として仕事をした朴氏は、どんな生活をしていたのだろうか。彼は帳場の仕事をしながら、安定した規則正しい生活をした。ただ、職場が決まるまでは不安定な生活も経験した。帳場の仕事は、だいたい午後二時頃から始まり、終わるのは深夜、寝るのは午前〇～一時頃である。彼は新聞を定期購読し、世界情勢をよく把握していた。

高級なスーツ、靴、時計、自動車を買っており、映画鑑賞など、優雅な生活をしたこともあった。そうした暮らしぶりについて、彼の日記には、下記のような記述がある。

メガネ一つを一〇五円で注文した。修理を頼んだ腕時計を服部時計店から受け取ってきた。支那人から代金七五〇円という腕時計を買い受ける約束をした。

ビルマ人が中古の自動車を見に来ないかというので行ってみたが、良くないので買わないことにして帰った。ボーイを連れて自動車でピーチロードの市場に行き、買い物をして帰った。

黒色の短靴一足と白色の短靴一足を代金一二〇円で注文した。短靴一足を六九円で買った。注文した短靴二足を受け取ってきた。朝鮮皮革南方支社（前パータ）靴店で靴一足を買った。朝鮮皮革会社支社で短靴一足を買った。印度人の理髪店に行き、散髪をした。半身像の写真を撮影した。大世界遊芸場に行って、現地製のブランデーとウィスキーを買って来た。

トランクを買おうと歩きまわったが買えず、購買許可を受けた毛布一枚を三五円で買った。金川氏と市場に行って、洋服地九ヤードを七〇円で買って帰った。大山君とオーチャード・ロードの支那洋品店の主人某を連れて印度人の羅紗店に行き、先日特別市で受け取った綿類販売許可書により、衣服地を三五〇余円分買い、カトンに帰った。中古品の万年筆一本を一五円で買った。平沼洋服店で洋服を仮縫いした。横浜正金銀行で貯金一、〇〇〇円を引き出し、手提げカバンを一個買って、ワニ革財布を一個注文した。物価が高騰し、財布一つが七五円だ。先日買った服地をもって洋服店に行き洋服に仕立ててくれと委託した。平沼洋服店で先日注文したズボンを受け取り、小山氏宅に行った。

洋服四セット(上下)を代金三五五円で注文した。一年ぶりにしても四、五〇円にすぎなかったものが七、八倍も高い。これでも闇買いだとは本当にあきれる。綿布などは全部切符制だ。支那人の洋服店に先日注文した洋服を直すよう頼んだ。衣類販売許可中の洋服を一着も買えないでいたものを今日、先日買った印度人の店に行って全部買って帰った。注文した洋服の仮縫いをしてもらい試着してみた。

こうした記述からは、彼のプロフィールとは関係なく、彼の人柄、パーソナリティや人生観などを読み取ることができる。その意味で、情報は豊富である。一般的に多くの読みものは、プロフィールや経歴など人物性が中心になっていて、そこから文へ導かれる。しかしこの日記は逆である。文そのものから人物へ遡るものである。つまり、「文は人である」という金言のような読み物である点が注目される。

彼は、公休日には、日本のニュース映画など映画鑑賞を多くしている。共栄劇場、大東亜劇場、芙蓉劇場、富士劇場、大東亜劇場などで、映画（活動写真）を観てから食事をした。日本の映画は「望楼の決死隊」「姿三四郎」「無法松の一生」「愛染かつら」「海軍」「次郎物語」「姿三四郎」「おばあさん」「おもかげの街」などを見たし、マレーの舞踊と音楽、講演、ビルマ映画も見た。

共栄劇場

新亜旅店の村山氏の家族と一緒に、夜のシンガポール市街と、大世界という遊芸場を見物したという記述もある。ビルマ式の映画は意味がよく分からなかったようだが、こうした映画は、よく製作されていたようである。

西原君、大山君、福本君、佳山亭洛氏、高島氏など、たいていは同業者と一緒に行ったが、時には慰安婦たちや仲居などと一緒に行ったこともある。「仲居の絹代と芙蓉劇場で映画を観た」「鉄道部隊で映画があり、慰安婦たちが見てきた」という記述もある。

そのほか、植物園や昭南博物館にも行った。陳列品は南方の風俗や、現地人たちの生活用具、鳥、虫、獣、魚類などであったという。博物館の記念スタンプも押して来た。また、博物館所属の図書館も見た。図書館はまだ設備が完全ではなく、書籍類もわずかしかないとコメントをしている。

ある日には、ボクシングを見に行った。「大山昇君と新世界拳闘場に行き、観て帰ってきて寝た」とある。動物園の見物もした。「動物園の設備は広大だが、内容は特別ではなかった」「金川氏の案内でビルマ第一である釈迦寝像を見物した。臥仏像は長さ一八〇余尺、高さ五〇余尺というが、本当に驚くべきものだった」

ビルマ墓地の見物もした。墓はセメントの石槨を作り、その中に棺を入れていて、本当にうまく作ってあったという。

シンガポールの付近の漁場を見物に行こうというので、約二〇余里（日本では二余里）にもなる海岸の漁場まで行って見物して帰ったこともある。漁場地区には所々に漁場設備があり、漁獲成績も良かったようだ。

ある時は、岩下氏と貨物公廠が経営する牧場と農園を見物して来た。牧場は数百万坪の面積だが、今はジャングル地帯を整備しているという。金川氏と郭某と猟銃をもって野外に出て遊んだこともある。

彩券
（『日本のシンガポール占領』2007）

彩券（宝くじ）も買った。貯金一、〇〇〇円を引き出し、第九回発行の彩券五〇枚を五〇円で買い入れている。興南彩券の八等（五〇円）一枚が当選した、興南彩券を一五枚買い入れた、興南彩券五枚をカトン郵便局で購入した、という記述がある。

ふるさと朝鮮を遠く離れて

もう一つ、彼が日記で繰り返して書いたのは、天気と気温である。それは日本式の日記帳の様式にちなんだものかもしれないが、ある期間、最低気温と最高気温を記載している（一九四三年の一月一日から一六日まで）。一六日からは移動していたので、温度などの情報を得ることができなかったと推測される。しかし、天気は一日も漏らさず書いている。そして時々は、気候や時節を通じて感じたことを書いている。

例えば、一月二日には「朝鮮は今が一番寒い時なのに、ここは中秋（註・旧暦八月一五日）の気候ぐらいだ」、三月一三日には「ここの気候は、明け方はとても涼しいのに、昼にはたいへん暑く、ちょっとだけ歩いても汗がだらだらと流れる。朝鮮も今は、すごい寒さは去っていることだろう。わずか二〇日余りで桜が満開になる、良い時節が近づくのだ。この良き朝鮮の春季も、万里の異域から、思うだけで過ごすことになる」と書いている。

また、翌年の一月八日には「故郷は今、厳冬雪寒で一番寒い季節であるが、父母、兄弟、妻子はみんな安在であろうか、ただ安過泰平であることを祈願するばかりだ。ここシンガポール島は、夏さながらの暑さである」と書き、二月二四日には「最近は気候が大変さわやかで、まるで朝鮮の秋涼時節の様だ。さらに、夜間は門を閉め、掛け布団をかけなければ、肌寒い空気が加わるほどである」とある。

四月一一日（旧　三月七日）日曜日　曇晴夕暴雨天

昨年一二月から五ヶ月くらい、雨は一度も降らず日が照りつけていたが、今からは雨季が近づいているのか暴雨が降りしきり、その間の旱魃を洗い捨てた。

八月二三日（旧　七月二三日）月曜日　晴曇天

農村はビルマも同じで、田植をするところもあり、また、もう田植を終え稲が黒くなったものもある。男女が二人で仕事をしている情景は本当に趣がある。農村の生活がうらやましい。

五月二三日（旧　四月二〇日）日曜日　曇後雨天

雨気が濃厚で雨が降り始め、おそらくビルマの有名な四ヶ月間続く雨季に入る模様である。毎日雨が降って四ヶ月間も続くとは、ほんとうに長い梅雨である。

彼は、夜の満月を見て、寂しさを感じている。旧暦八月一五日、一点の曇りもない晴れ渡った南方の蒼空を真ん丸い月が、昼のように明るく照らしていた。故郷の父母兄弟妻子もこの月を見ているだろう。いつか皆で一緒に月見でもしようか。感慨無量だ。

「今日の夜は旧十五夜の満月が蒼空を明るく照らしていた。朝鮮の一〇月の十五夜の月といえば、一年中でも一番良い時期の月であり、大空も雲ひとつなく晴れる。いつこの月を故郷の空で見るだろうか」(11／12)。

朝鮮では旧暦の一〇月をサンダル(上月)といって、一番良い季節だという。彼は故郷を懐かしく思い、蓖麻子《ヒマシ》を植えた。

曇りと雨についても触れている。「昨夜にも雨が少し降ったが、今日も細雨が降って曇った。おそらく今から『ビルマの独特な雨季』にさしかかる模様の様だ」(4／10)

一一月二八日、曇暴雨天、一三時半頃から約一時間半、大暴雨となった。シンガポールの雨は、五分一〇分に過ぎない、にわか雨だったが、今日の暴雨は一時間半のあいだ、少しも休まず降った。誠にまれな大雨だ。

戦時下の日常生活

日記を書いた朴氏は、起きて、食べて、仕事をして、寝るなど、規則正しい生活をし、日本への忠誠心や家族愛もあり、友人関係の良好な人と思われる。

彼は戦後も日記を書き続けたが、この日記の表紙には、年号として「昭和一八年、西紀一九四三年、檀紀四二七六年」と、三つの年月日が表記されている。だが、日記の本文には檀紀が表示されていないのを見ると、この表紙の年号は、戦後に筆記して貼ったのであろう。

ここから、彼にはこの日記を保存しようという意思があったのではないかと思われる。つまり、この日記を自分史的に持ち続けようとしたことがわかるのである。しかし、その子孫が日記を手放したことにより、古書店を通してコレクターの手に渡ることになったのだろう。

六月一八日（旧五月一六日）の金曜日から二九日（旧五月二七日）の火曜日までは、ほぼ同じ日常生活が、繰り返し記されている。「曇雨天、朝、インセンの宿舎で起き、朝飯を食べた」といった内容である。

こうした記述は、読者にとっては退屈な文ではあろうが、彼にとっては、安定した生活を暮らしたことを意味する。朝起きて、朝飯を食べて……寝た、という記述は、数多く繰り返されている。読者にとってはつまらなくても、私としては読むに値するところが大きい。

この、「食べて寝る」という繰り返しから読みとるべきものがある。つまり、生活が安定しているということであり、さらに、規則正しく生活する彼の真面目さを感ずるのである。日記において、繰り返される日常的なことを省略するというのなら、書くことがなくなってしまうはずである。単純な繰り返しこそが、我々の生活である。

さらに彼は、移動、移住をしながら生活していたことも多く、「食べて寝る」場所が異なる時期もあり、それはそれで書き留めておく必要もあったのである。

また、日常茶飯事的なものも、戦争という脈絡から読むと、また別の価値がある。日記を書いた人の性格、生活、人間関係、仕事、その時代と社会を読み取ることができる。

慰安所日記と慰安婦の証言

この日記と同時期を過ごした元慰安婦の証言として、前出の文玉珠氏の証言がある。その証言をいち早く出版した方が、金文淑氏である。私が彼女に会ったのは、二〇一四年四月三〇日のこと。

韓国のソウルで産経新聞の記者、黒田勝弘氏と朝食をとる時、偶然にも慰安婦シンポで発表した金文淑氏が隣の席で食事中であり、私から話しかけてみたのである。話が盛り上がり、すぐ三人は、友人のような雰囲気で記念写真をとった。

このシンポジウムの時の金氏らの報告は韓国の新聞で大きく報じられ、「日本に法的責任を問うべきだ」とする、これまでの立場とは一線を画して、日韓が本当に歩み寄れる方法を模索する、異例のシンポジウムであった。

この、慰安婦問題の研究家である金文淑氏は、一九九二年に明石書店から出版された『朝鮮人軍隊慰安婦』の著者である。金氏は、元慰安婦の文玉珠氏へのインタビュー記事を、その本に載せている。

一九四二年七月九日、大邱駅から汽車に乗せられ、ついたところは釜山でした。松本は、十五歳から二一歳までの娘を十四、五人、一緒につれていました。釜山では、十七人が合流しました。甲乙旅館に一日泊められ、翌日、七月十日、船に乗せられました。

そこには、ほかの男につれられてきた娘たちが一五〇人から二〇〇人も乗っていました。日本人の男も十人ばかりいました。みんな、その時になって、ヒソヒソと心配そうにお互いに身の上のことや、どうなることかを聞きあったのです。

台湾に到着して何時間かとまって、シンガポール。そこで五時間くらいとまって、さらに何ヵ月かの船旅の後、ビルマのラングーンに着きました。ラングーンに着いてはじめて、自分たちが慰安婦として軍隊に配属されると分かったのです。

昼も夜も泣いていました。中には、ビルマに着いてすぐ、自殺した娘も二人いました。一人は、雨の降る中を二キロメートルも離れた川に飛びこんで、死んでしまったのです。

料金は決められていると聞きましたが、彼らが持ってきたのは軍票でした。聞くところによると、兵隊が一円五十銭、下士官二円、将校は二円五十銭または三円だったようですが、私たちが手にした現金は兵隊たちがときたまくれるわずかなチップだけでした。

時間は三十分と決めていたらしいけれど、外で並んでいる兵隊たちの催促する怒鳴り声を聞きながら、機械的な性行為が一日、何十人と続いたのです。

アキャブには、一年ぐらいいました。ここには慰安所が四ヵ所あり、そのうち二ヵ所には日本人の女たちもいました。その一つは、将校専用の慰安所でした。空襲が激しくなりました。

この、金文淑氏の著書によって、文玉珠氏の情報が初めて日本語で紹介された。彼女は、「宋という姓の男がいて言うには、食堂で働けばお金をたくさんもらえるとのことでした」「ラングーンに着いて初めて、自分たちが慰安婦として軍隊に配属されると分かったのです」という。友人の「金がもうかる食堂がある」という誘いに乗って「ダメにされた体だから」と思い、金を稼ごうと釜山へ行く。慰安所帳場人の日記を書いた朴氏と同じ、一九四二年七月一〇日に、当時一八歳だった彼女は、朝鮮人経営者の松本（宋）氏に連れられて、船でビルマへ、さらにトラックでマンダレーの慰安所へ行き、慰安婦をした。彼女は「文原ヨシコ」と名乗った。金を稼ぐためにきたのだから仕方がないと思いつつ、本当にたくさん軍人がきてくれて、自分を人気者だと思ったこともあったという。

　この金文淑氏の著書より四年ほど後に、今度はフリーライターの森川万智子氏によって、再び文玉珠氏に対するインタビューが行われた。森川氏はそれに、追跡旅行で撮った写真やビデオなどの資料を追加して、新しく文玉珠氏に関する本『文玉珠　ビルマ戦線 盾師団の「慰安婦」だった私（教科書に書かれなかった戦争・Ｐａｒｔ22）』（梨の木舎、一九九六年）を出版した。

　私は、この文玉珠氏のインタビューを行った森川万智子氏と、電話で長く話を交わした。私はその時の会話で、文玉珠氏の経歴と、朴氏の慰安所帳場人日記の内容とは、一致するところが多いと実感した。アキャブ、プローム、ラングーンの慰安所暮らしなど、一致するところも多く、本日記と一緒に合わせ読む必要があると思う。

　この朴氏の日記を、文玉珠氏の証言と合わせて読んだのは、新しい試みではないかと思う。そうすることで、さらに重要な内容を補える部分が多かった。

　帳場人日記を書いた朴氏が生きた時代には、親日と反日という、二項対立的な言説は存在しなかった。特にこの日記は、交戦地域を含めた戦地において書かれたものであり、彼には「植民地」という意識もなかったようである。

　彼は占領地の稼業地で働いただけであり、植民や被植民を意識せず、あるいはそれを超えた、人間そのもののような自然な人であった。本当に誰かを慰安する心を持っていた。死傷者への対応、怪我人への介護など、配慮深い人柄の人であった。
一九四二年七月一〇日に釜山港を出て、ビルマやシンガポールなどで慰安業を行ったということは、三氏の記述が合致している。つまり、慰安所帳場人の朴氏と文玉珠氏は、同じ船で行ったということであり、日程などに一致するところが多い。
朴氏は、一九四三年七月一〇日の日記に、こう書いている。

七月一〇日（旧六月九日）土曜日　曇雨天
朝、ラングーン市外のインセンの宿舎で起き、村山氏宅で朝飯を食べた。昨年の今日、南方行きの第一歩を釜山埠頭で踏み、乗船し出発した日である。もう満一年になった。回顧するに、本当に多難な中の一年であった。ペグーの金川栄周氏が来た。村山氏宅で夕食を食べ宿舎で寝た。

この日記の日付は、重要な情報を発している。これに対比する文玉珠氏の証言は、次のようなものである。

私たち十八人は、一九四二年七月十日、釜山港から船に乗りました。船は軍用船で、六隻か七隻がいっしょに出発しましたが、私たちの乗った船がいちばん最後でした。私の記憶では、私のような女たちが三、四百人を超えるほどで、船中いっぱいだったように思います。（中略）私たちは紆余曲折のあげく、台湾、シンガポールを経てビルマ（ミャンマー）に到着しました。

アキャブにいた時、将校たちは、日本語もうまいし歌も上手だといって私をほめてくれました。そして、誕生日のパーティーや送別会をする時には朝鮮人の中では文原ヨシコのほかにはいないと言って、日本人慰安婦といっしょに私をよんでくれました。そうすると、私たちは決められた場所に行ってお酒のお酌をし、踊りを踊ったり、歌を歌ったりするのですが、一週間に二、三度はそんなことがあって、その度によばれて行きました。上手に相手をつとめると彼らはチップをはずんでくれるので、私はこの金を使わずに貯金しました。

私はお金ができると、少しずつ野戦郵便局に貯蓄しました。そしてその後もお金ができれば、通帳に積み立てておいたのです。

ラングーンはこれまでに比べてはるかに自由だった。もちろん、全く自由だということではないけれど、これまでよりはるかに自由に、週一度か月に二度、許可をもらって外出することができた。

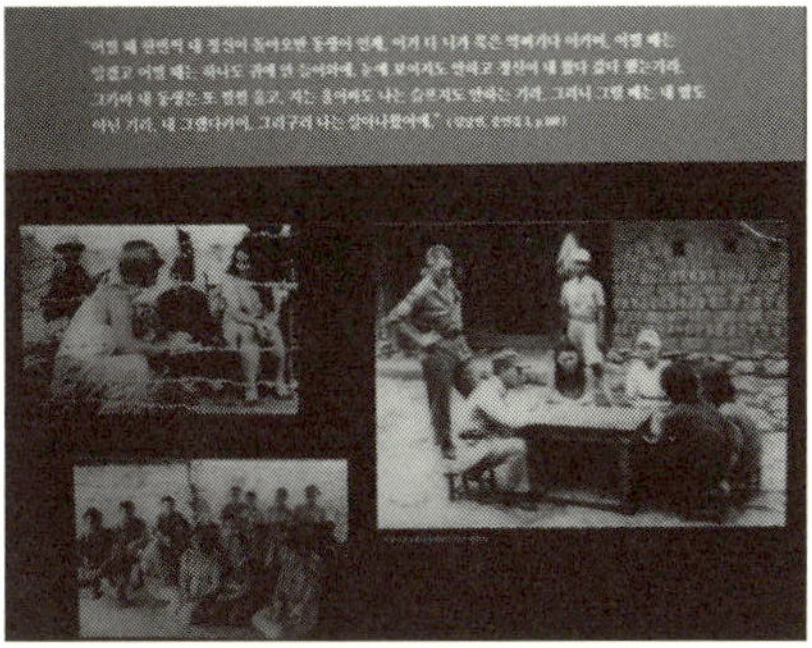

大邱・ヒウム日本軍慰安婦歴史館

植民地時代にも、「自由」という言葉はあったのだろうか。朴氏の日記の中には、この「自由」という言葉を見つけることはできなかった。しかし文氏の証言には出てきた。文氏が当時から「自由」という思想を意識していたのか、あるいはインタビュアーによって表現されたものなのか、そのあたりはわからない。

二〇一六年一一月、私は大邱にある、慰安婦文玉珠記念館を観覧した。生前、彼女に無料で治療を行った郭病院というところが支援をしたそうである。行ってみると、窓口の女性が私を知っているというのでビックリ。彼女は、啓明大学時代に私が指導した仮面劇サークルの学生であったという。嬉しい再会であった。

彼女とその時代を思い浮かべて話しながら、資料と情報収集への協力を願った。そして、写真、映像、説明文などとともに、前出の森川万智子氏のインタビュー調査の映像を見せてもらった。

日記はどのようにして書かれたのか

慰安所の帳場人、朴氏は、一九二二年（大正一一年）から一九五七年（昭和三二年）までの三六年間にわたって、ほぼ一日も欠かさず日記をつけてきた。

日記帳は第一号から第三六号まであるが、第一～三号が一冊になっていることを除いて、一年に一冊、各一冊ずつある。現在残っている日記は二六冊で、一九二八年、一九四二年、および一九四五年～一九五〇年の八年分は欠落している。今回公開されたのは一九四三年と一九四四年の日記であるから、ちょうど、その前後（一九四二年と一九四五年）の日記が欠けているわけである。

日記の最初には日本の紀元と年号が記載され、年度の表記は明確である。さらに、日記の号数、干支、檀紀、西暦および日本の年号が記録された紙帯が表紙に添付されているものもあるが、これらは、後に再整理する過程で追加されたものと思われる。この日記を書いた朴氏本人も、そうした作業をした一人である。

彼は、一日のどの時間帯に日記を書いたのだろうか。毎日とはいっても、事情によっては日記を書けず、数日後にまとめて作成することもある。例えば、「元日も暮れて夜になり、今年の幸運を夢見て、何日か眠れなくてつらかったが、つい深く寝た」と言う文では、「夜になり」

では日記を夜に書いたようでありながら、「深く寝た」とあるので、実際は翌日の朝に書いたと思われる。

一方、一月三日に「今日は別に異常なくよく過ごした」と書いた「今日」からは、その日の夜に書いたことが明らかであり、二月一九日の「東天に昇っている月を見て思郷の遥拝をした。この地の今頃は一点の雲もなく、清く晴れた空に月も明るい」では、夜の心境をそのまま表現している。だが、全体を通して見たところでは、彼の日記は、ほとんどがその翌日の朝に記録されたようだ。

また、日記の作成に用いられた文字は、先述の通り、主にハングルと漢字であるが、時々、日本語の平仮名や片仮名も散見できる。文章は基本的に韓国語体であるが、漢文体で解釈しないと意味が通じないところも多い。日記を正確に読み取るためには、こうした文章の文法を正しく検討する必要がある。韓国語の文体が十分発達していなかった当時の状況を鑑みれば、この原文は、それ自体として非常に見事な韓国語文体である。

とはいえ、個人の日記であるから、いろいろなところで混同し、間違いも出ており、時には日本式、時には韓国式で書いていたりする。

さらに、日本語訳にする場合には、言葉以上の難点もある。たとえば先にも書いたように、「一里」は日本では四キロ、韓国では〇・四キロであり、当人も時々混同している。そのため私は、地図上で距離を確認する必要があった。

「プローム市外三十余里の地点で皇軍の反撃を受け」では、日本式の計算では一二〇キロになり、その距離では脅威にはならないだろうから、韓国式の一二キロが正しいと思われる。逆に、「宿舎は海岸からわずか数十歩しかない所で、シンガポール市街とは二里くらい距離がある所にある」という箇所では、ここの二里は、日本式の八キロである。

「約二十余里にもなる海岸の漁場で見物して帰った」というのは、韓国式の八キロが正しいだろう。日本式で八〇キロにすると、シンガポール島（東西・四二キロ、南北・二三キロ）を越える距離になってしまう。朴氏は、基本的には日本式の「里」（一里＝四キロ）で書いているのだが、ここは無意識的に韓国式で書いてしまったのであろう。

ソウルで出版された原著では、名前の多くを伏せ字にしているが、それとは違って、日記を書いた朴氏は、軍の船の名前だけを「〇〇丸」と伏せている。なぜであろう。

彼が船の名前を「〇〇丸」と伏せたのは、軍の機密に関すると思ったからであり、バレた時の危険性を予測したからであろう。日記を書くことは、単純な習慣のようなものでありながら、場合によっては危険なことでもある。彼はおそらく、人に見せるものではないと思いながらも、場合によっては見られることを想定したのではないだろうか。自分の妾のことや、そこにお金を送ること、またはタクシー会社における不和の様子などを書いても、それらは問題にはならないと考えたのだろう。

また、天皇陛下や天長節、神社への参拝などについて書いておくことでも、予防線を張ったのではないだろうか。秘密と公開の線、それは、曖昧ではあるが、彼はそれを持っていたのであろう。ただ、実際のところ彼は、帝国臣民としての意識を強く持った人でもあった。

日記には、「書かないもの」「書けないもの」「書くべきもの」がある。ではまず「書かないもの」とは何だろう。書くに値しないものである。必要ではないものは書かない。書くということは記録すること、そして記憶することである。慰安所の帳場人として、慰安婦や帳場の内容などについては最小限にとどめ、あまり詳しく書いていないのは、何を意味するのだろうか。さらに、大事な客である軍人についても、最小限にしか触れていない。もちろん、記憶のためには、すべてを書く必要はない。ヒントや契機になるものを記録することで、記憶を想起することができるからである。

次に、「書きたいが書けない」ものがある。一般的には、軍事機密が漏れたりするとスパイとしての疑惑がかかるため、こうした記述を避けるのは当然である。しかし、この日記の中では、軍需工場などにおける給料などについて、はっきり書いている。慰安婦に関しては、「慰安とは神聖なること」などと書いてもよさそうであるが、そのようには書いていない。

慰安業という「仕事」

辞書には、「慰安所とは軍人や軍属のために設置、あるいは指定した売春宿」と書かれている。

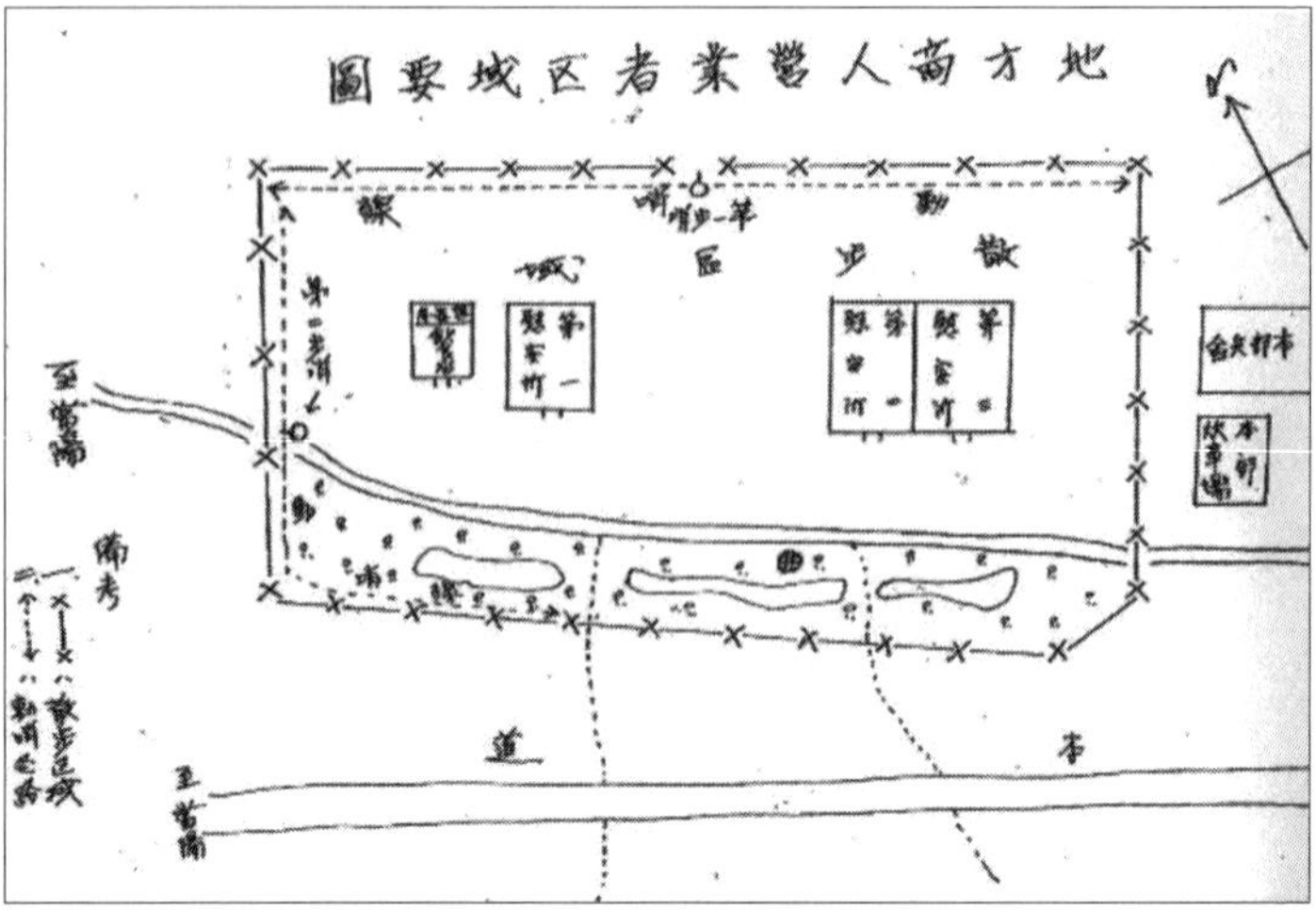

「地方商人営業者区域要図」

また、元慰安婦自身は、「慰安婦」という言葉に「日本軍を喜ばせながら協力して」というニュアンスがあるので、拒否感を持つ場合があるという。しかし、そもそも慰安とは、必ずしも売春を意味する言葉だけではなかったはずだ。

例えば、昭和四年（一九二九）、衆議院議長の川原茂輔は、国立公園設定に関する建議書で「世界的驚異ノ別天地トイウベシ今ヤ京阪神大都市数百万ノ市民カ唯一ノ慰安所トシテ」といっているし、また、『舞鶴地方引揚援護局史』（ゆまに書房、二〇〇二年）にも、敗戦による引揚者に対して「慰安」を行ったとあり、こうしたことからも、「慰安」が必ずしも狭義ではなく、広義で使われたことがわかるのである。

日記を書いた朴氏は、慰安所と遊郭を区別している。遊郭は「女遊びの所」、慰安所は「兵士を慰安する所」と区別しているのである。慰安所は公的に認められた公的施設、という意識を持っていたのであろう。
朴氏が暮らしたこの地域でも、基本的には、慰安所というのは、実質は売春宿であっても公的な仕事であった。それは戦時の慰安所だけの話ではない。娯楽施設一般にも言える。行く人には「遊ぶ」という意識があっても、事業者にとっては「仕事」や「事業」であろう。
日記には、「ラングーン会館で夕食を食べていたら、同館の岩下氏が遊びにいこうというので、一緒に市内のビルマ人の遊廓に行って、岩下氏が勧めたにもかかわらず、そのまま遊ばず帰って来て寝た」という記述がある。
朴氏は慰安所というものを、国家のために戦う戦士たちを慰安する、国策の「慰安業」だと思っていたようで、それは当時の軍政の政策でもあり、単なる「遊郭」とは考えてはいなかったようである。それは、日記の以下のような記述からもわかる。

三月二六日、金川氏の慰安所の一同と記念撮影をした。

三月八日、慰安婦を連れて市庁前の広場の大詔奉戴記念式に参加した。

九月一九日、倶楽部の公休日である。一〇時頃、倶楽部の事務所に稼業婦全員と業主が集合して、保安課の坂口営業主任の営業上の訓示を聞いた。その後、業者側だけ集まり、防衛司令部の倶楽部関係の中尉の訓示があり、聞いた。

一二月八日（真珠湾攻撃の開戦祝日）、慰安婦を連れて、市庁前の広場で挙行された大詔奉戴記念式に参加した。

さらには、シンガポール特別市庁前の広場で女子青年部の救急法訓練があり、各倶楽部の慰安婦が総出動した、という記述もある。以上のような文から、慰安業が「隠れ風俗業としての、恥ずかしい醜業である」という意識はなかったようである。慰安婦以外に仲居もいたし、実際は売春とはいえ、慰安業も「セックス産業である」ということであろう。軍人を相手にして慰安所が営業を行い、収入を挙げる、ということである。

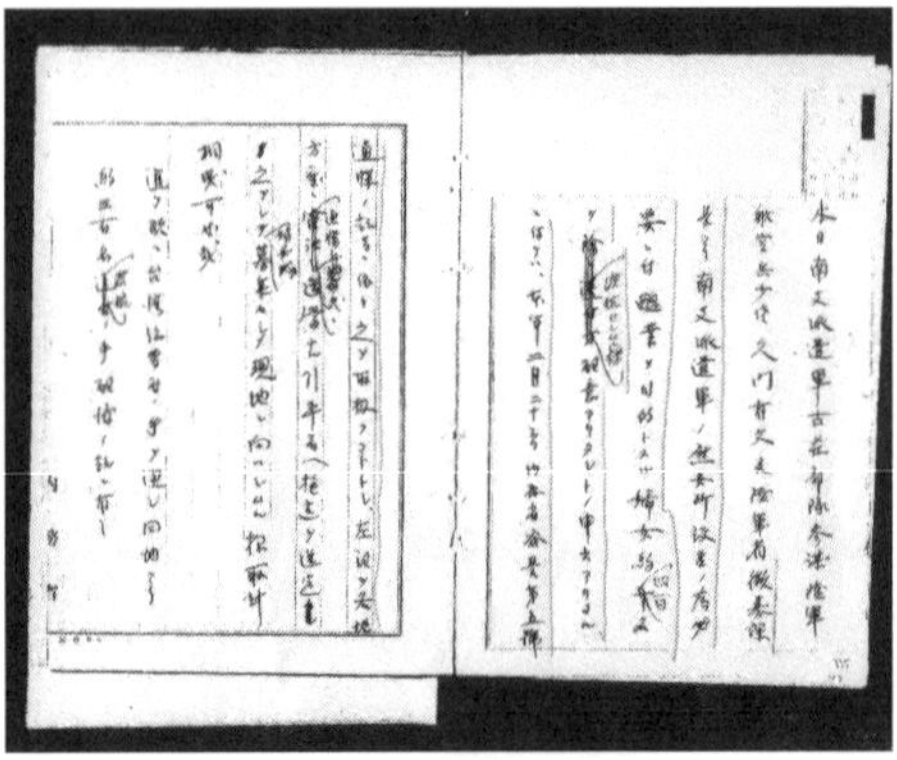

慰安所設置・内務省

そして、「産業」「事業」であるからこそ、倶楽部には組合事務所があった。慰安所倶楽部の組合は会員を持ち、会費、常会、活動などがあり、組合として名実共に機能した組織である。

その事務所では、組合長および副組合長の選挙があって、組合長は名古屋倶楽部の瀧氏、副組合長には中川氏が当選した。倶楽部組合の総会があって、組合長選挙で前組合長の勝関倶楽部の瀧光次郎氏が再選された。倶楽部事務所に二〇時少し過ぎに集合し、組合長の話を聞いて帰って来た。組合長の帳簿記載方式の説明を聞いた。といった日記の記述がある。また、地域での活動も、以下のようにさかんだ。

一〇月一五日、倶楽部の組合事務所に集合した。今般、警防隊は隣組単位で組織改編され、第五中隊第二小隊第一分隊が、この倶楽部の区域とその他の区域も一部担当する。一〇月一六日、今日から明日まで防空訓練である。台湾の東方海面に落下した敵の機動部隊を捕捉し、空母一〇余隻その他軍艦等数十隻を撃沈した皇軍の大戦果が発表された。一〇月二〇日、夜二一時頃、警戒警報が発令され、大和屋分隊長のところに警防隊員が集合し、警報が解除されるのを待って解散した。一〇月二一日、一一時過ぎに警戒警報が発令されると、すぐに空襲警報が発令され、一二時過ぎに解除された。敵機の爆撃はなかった。一〇月二二日、倶楽部の組合事務所で隣組会議に参席し、帰ってきた。

慰安業の主務は、売春だけではなかった。遊郭と慰安所の区別は、機能の面ではなく、その意味が異なることを念頭におかなければならない。

前出の高見順は、「ビルマの淫売屋は恐ろしくきたなく、女も恐ろしくきたなく、とうていダメであった」と書いている。この記述からは、遊郭と違わない。しかし、帳場人である朴氏は、慰安所を、ただ遊ばせる遊郭としては意識していない。彼は、戦争を遂行する兵士たちを慰安する、軍務のように意識したに違いない。これは、慰安所の管理人や経営する側の、一般的な態度ではなかったかと思われる。当時、芸人などによる慰問団も組織的に編制され、さかんに慰問が行われたことは、それを意味するだろう。

現代より近代以前、平時より戦時には、売春は醜い職業ではなかった。特に、命がけで戦地に赴く軍人には、性は恥ずかしいものではなかった。その意味で、慰安業とは公的なものという意識があったと思われる。朴氏も日記に「天長節の慶祝日であるので、軍人の外出が多く、倶楽部の収入が二、四五〇余円という、開業以来最高記録であった」と書いており、慰安業が恥ずかしい醜業であると思われていたら、神聖なる慶祝日に行われるはずはない。こうしたことからも、戦時の慰安業では、単なる売春業という意識は薄かったと言えるのではないだろうか。

中国・上海にあった慰安所

遊郭というシステム

ただ、意識の上ではこのように、「慰安」と思われながらも、慰安所は、実際には売春宿のようなものであった。なにより彼らは「営業」をしていたのである。朴氏たちは「営業者」や「管理人」などと言われ、「慰安婦」は「従業婦」などと言われた。ただし、日本の伝統的な遊郭と全く同様のものでもなかった。日本の伝統的な遊郭の場合、置屋とか芸者、券番（芸妓による組合のようなもの）のイメージが浮かんでくる。

日本や朝鮮の本土と同様に、券番というシステムとしての売春業組合「慰安所組合」がビルマなどの戦場に持ち込まれたとしても、その実態は単なる遊郭ではない。伝統的な遊郭の場合、性を売るよりは芸を売るという建前がある。朝鮮半島のキーセン（妓生）も、芸者と似たようなものである。芸者やキーセンがそのまま売春をしたとは言えないが、芸者の組織としての組合というシステムが生かされ、戦争中の戦場で関与してきたのは事実であろう。

戦地の慰安所でも芸をしたのかということについては、朴氏の日記からは判断することはできないが、前出の文玉珠氏の証言では、そのことに触れている。

わたしは、ここラングーンでもすぐ売れっ子になった。将校の数も前線には比べものにならないほど多かったので宴会にたびたび呼ばれた。チップがもらえるのが楽しみで、わたしは喜んで歌いに行った。（中略）わたしが呼ばれたのは、日本人慰安婦ばかりがいる将校専用の慰安所で、そこは「将校以外は立入禁止」だった。

将校倶楽部

さらに、慰安所が「事業」である証拠として、こうした慰安所は、軍政下で管理されている中でも売却ができた。日記には、「南方の事業家、すなわち南方貿易営業所主の新井氏が菊水倶楽部の西原様宅に来ていて、挨拶を交わした。彼は去る昭和一七年に慰安所の帳場で働くために来て、無一文単身で数百万円を扱う事業家になった人物だ。事業はマレーシアの漁業、貿易等だ」（5／13）、「今後の事業の経営を大山氏と議論」とある。このように慰安所は、やはり「事業所」という認識であったのではないだろうか。

とはいえ、実は慰安所の建物は民間の住宅であった。さらに、他の民間住宅からも隔離はされていない。ビルマ・アキャブ市の慰安所、勘八倶楽部は山本氏の自宅であったというし、ラングーン市外のインセンで村山氏が経営していた慰安所の一富士楼も、村山氏の住宅であるという。

そして、こうした慰安所の経営者、蓬莱亭の営業主の野澤氏、文楽館の営業主の新井清次氏、乙女亭の営業主の松本恒氏を始め、金和柱道氏、光山寛治氏、大石氏、内薗氏といった人々は、全員、朝鮮人であり、彼らの慰安所を中心として、様々なお金の動きがあった。

「横浜正金銀行ラングーン支店で三万二〇〇〇円を貯金した」（1／25）などとあるように、企業物価指数による換算で現在の数千万円という巨額のお金が、個人的に扱われており、倶楽部組合事務所の常会で納めた献納金の総額を見たら、二四、七〇〇円あまりだった、という記述などもある。

前線から見れば後方であるラングーンでは、慰安婦たちも自由であった。それについて、元慰安婦の文玉珠氏はこう語る。

ラングーンはこれまでに比べると自由だった。もちろん、まったく自由だということではないけれど、これまでよりははるかに自由に、週に一度か月に二度、許可をもらって外出することができた。人力車に乗って買い物に行くのが楽しみだった。

ビルマは宝石がたくさん出るところなので、ルビーや翡翠が安かった。友達の中には宝石をたくさん集めている人もいた。わたしも、一つくらい持っていた方がいいと思い、思い切ってダイヤモンドを買った。

また文氏は、移動中の慰安所については、こう話している。

連れて行かれた慰安所は二階建ての、高床式の大きな民家だった。この慰安所には名前がついていなかった。ここには、近くに日本人や中国人の慰安婦がいる慰安所があって、全部で四軒だった。日本人の女がいる慰安所は将校専用だった。マツモトはきていないので、切符の管理をするのは司令部の軍人たちだった。何人かの下士官が一週間交代で来ていたと思う。

その周辺にある民家が急ごしらえして慰安所にしていた。筵で仕切りをしただけの慰安所だった。アキャブに到着するまでにそういうことが二度か三度あった。そこで二週間から一か月ほど臨時営業だ。

帳場人日記の朴氏たちが引き揚げた後にアキャブに着いた文氏は、「アキャブには、一年くらいいました。ここには慰安所が四か所あり、そのうち二か所には日本人の女たちもいました。その一つは、将校専用の慰安所でした」と証言している。

朴氏は日記に「今日は近頃では一番お客が少なかった。兵丁券（註・軍票のこと）が一四枚しか売れなかった」（1／7）と書いている。この「売れなかった」という表現からも、売買つまり商売であることがわかる。その商品はセックスサービスであり、つまりは売春であるが、しかし彼は売春とは書かない。というより、本当にそうは思っていなかったようである。

軍人が主な客であった。軍票が使われた。軍関係者にセックスで接待したこともある。つまり、責任のある将校に酒を飲ませて女性と寝せることがあった。それは、「新井氏と村山氏、金川氏と軍司令部の副官部の山添准尉の宿舎に行き、山添氏を一富士楼に連れて来て遊ばせた」(9/8)という記述からわかる。山添准尉を一富士楼に連れて来て遊ばせた、というのは、つまり賄賂接待であろう。これは当時、一般社会で普通に行われた「しきたり」のたぐいではあるまいか。

ここで、慰安所の「経営」に関する日記の記述を、いくつか挙げてみよう。

一月二九日、市内に行って日本人会事務所を捜したが捜せず、帰りにひげをそった。ラングーン会館で寝た。朝鮮から一緒に来た野澤氏に会うと、マンダレー方面で慰安所を経営していたが、今度部隊について我々が以前いたプローム市に来て営業しているという。

四月一日、プロームロードの陳瑞信の家に行き、家屋工場を毎月五百円で賃貸借契約を結び、保証金に金千円を支払った。大山氏と菊水料理店がどこにあるかさがしてみて、大山氏の家に帰って夕食を食べ、宿舎に戻って寝た。今日から大山氏と食堂と製油工場を共同で経営する約束をし、事業準備を進めることに決定した。

六月八日、村山氏の長男の村山浩二君と野戦郵便局に行き、正金銀行に行って村山氏の貯金をした。航空司令部に行き送金に必要な証明書を受けた。

六月九日、村山氏の長男の浩二君とラングーン市内に出かけ軍司令部副官部の山添准尉のところに行って、野戦郵便局に行き村山氏の送金をし、私は貯金をした。

六月一五日、村山浩二君と一緒にラングーン市内にいくことにした。軍司令部へ行くと、慰安所経営者会議があるという。山添准尉に会って、しばらく話をし、村山浩二君と市内の各所に立ち寄ってインセンに帰った。

六月一七日、村山氏の慰安所の一富士楼にはこのたび松月館の慰安婦が三名来て、営業することになった。村山浩二君と松本氏がペグーの山本のところに行って帰ってきた。山本餅店の隣家でペストが発生し、交通禁止にあい営業もできないでいるとか。

六月一九日、このたび、タボーイからラングーンに来て、地方人の慰安所（註・ビルマ人の女性を雇った慰安所）を経営している三田氏がインセンの私がいる所に来て、時をすごして帰った。

六月二五日、村山氏の慰安所で終日帳場の仕事をした。夕方にラシオで慰安所の経営をしている大石氏が小山氏と一緒に来て、時を過ごし、小山氏は帰り、大石氏は泊まった。大石氏もこのたびの慰安婦の募集のため帰国するそうだ。

六月二八日、朝、ラングーン市外インセンの宿舎で起き、村山氏宅で朝飯を食べた。ペグーの桜倶楽部の金川氏が来て話をしてすごし、宿舎に泊まった。アキャブの私の慰安所の慰安婦の照子がアキャブで食堂をやっている葦原氏と一緒に来た。連隊の移動と同時に葦原氏も移動し、タウンギで経営するという。アキャブについての消息を葦原氏から詳しく聞いた。慰安所の女子たちは部隊と一緒に一、二ヶ月後には移動するようだ。

慰安婦たちの衛生管理

慰安婦になるには、就業の許可が必要である。戦士たちを慰安する体は、清いものでなければならないのである。軍人により衛生管理がされていた。「最近、伝染病の発生の関係で軍人の外出がない」(8/17)という記述のほか、日記には以下のような記述もある。

三月二二日、ペグー市場の中でペストの患者が発見されたそうである。

四月一六日、ラングーン市内の各所でペスト病が発生して兵隊は一人も外出できない。

六月一七日、山本餅店の隣家でペストが発生し、交通禁止にあい営業もできないでいるとか。

七月三一日、三日前の二八日に死亡したキリシナという印度人はペスト病であって、現在発病した患者も三、四名いて、部隊は外出禁止となり、村山氏が印度人の死亡のあと行って来た関係で、今後一週間営業を中止し、外出はできないと憲兵が来て言った。

慰安婦の病気などに関する記述には、以下のようなものもある。

仲居の絹代が、治療のために、自動車で中央病院まで一緒に行った。倶楽部の稼業婦、許琴祥（玉江）は妊娠七か月で、夜中に中央病院に入院し、二三時半頃に男児を無事出産した。休業届を提出した。

桜倶楽部の慰安婦、文子は腹部がとても痛み、午後、盲腸炎の手術をするのだという。文子は妊娠七か月で、胎動異常があり、鈴木病院に入院したが流産だった。流産後の経過が良好で、車で帰ってきた。前に慰安婦であった桃子は妊娠七か月だが、このごろ胎児が動くようになり、今日鈴木病院に入院したが、流産してしまった。

また、シンガポール時代には、慰安婦が出産したと思われるような記述もある。特別市保安課支部に行って新しく入ってきた金愛順、崔順玉の二名に対する在留届を出したら、金愛順の分は証明されたが、崔順玉の分は出産関係で遅延されるといったところ、病院から安産の証明を受けた、と書いている。


慰安婦の管理で最も重要なことは、性病などを防ぐ健康管理であった。したがって、管理の必要性としては、戦時でも平和な時でも同様である。それは、慰安婦のためだけではなく、結局は日本軍のための健康管理でもあった。

朴氏が働くシンガポールの菊水倶楽部でも、従業員全員に対して身体検査があった（2/23）。身体検査は必ず受けなければならない。検査などには軍の協力があったようだ。

お客（軍人）の自動車に慰安婦全員を乗せて金泉館に行き、検査を受けたという記述や、慰安所がみずから積極的に兵站司令部へ行き、慰安婦の検黴《けんばい》（梅毒の検査。検梅ともいう）をインセンで行うように請願したという記述もある。

こうして定期的に慰安婦を検診し、性病にかかった場合は入院させた。検黴の結果、玉江が入院し、入院していた菊枝が退院した、という記述もある。その他にも、村山氏の慰安所の慰安婦は休業の関係で検黴に行かず、新井氏の分の慰安婦七名だけ検黴を受けた。検黴の結果、

日付	品名（コンドーム）	数量	受け取った部署
1943.1.13	衛生サック	1,000個	連隊本部の医務室
1943.7.29	サック	（不明）	兵站
1943.8.12	サック	400個	兵站司令部
1943.8.19	サック	600個	兵站司令部
1943.8.26	サック	800個	兵站司令部

入院中の二名が退院し、二名はそのまま入院するだけで、家にいる女子は全部合格した。照子を連れて兵站司令部に行き、副官の紹介で軍医から診断を受けた。三千代と秀子の二名が不合格で、その他一六名は皆合格であった。倶楽部従業員全員に対する検便および身体検査が春乃家で施行された。慰安婦二名の診断書の関係で博愛病院まで行ってきた。特別市の保安課営業係の主任の坂口氏と撫子病院の吉岡先生が夜一〇時頃に来て、営業状況および洗浄場の調査をしていった。陸軍病院に行って診断書を受け取ってきた。慰安婦の診療所に行き、登録されていない二、三人の慰安婦の診察を受けさせた。というような記述がある。

また、衛生検査の結果、慰安婦の「合格は多かったが、お客さんは少なかった。お客が遅くまで遊んでいったために、夜二時少し過ぎに寝た」というような記述もある。

コンドーム（日記では「衛生サック」や「サック」）を軍隊の医務室や兵站司令部に取りに行った、という記述が何度か日記に出てくる（別表参照）。これについて、慰安所が軍の組織の中にあったからこそ、軍が配給したのだという意見もあるが、あるいは、衛生上のものは行政的にも配給されたのではないかと考えることもできる。
当時コンドームが使われていたことは知っているが、それでも時には、妊娠や性病などが発生したことが、朴氏の日記からは分からないが、前出の文玉珠氏の証言から知ることができる。

一週間に一度、軍医や衛生兵がきて検黴した。検査の器具を膣に入れてただれなどを検診されたし、分泌物をとって検査された。わたしはやはり進んで検査を受けた。病気になるのが何よりも怖かったので、サック（コンドーム）を使わない軍人がいたりすると、とくに念をいれて洗浄した。たとえサックを使っていたとしても、たちの悪い、いやな軍人の場合など、徹底的に洗わずにいられなかった。軍人が性病にかかっているかどうかは私たちにはわからないことなので、自分で気をつけるしかなかった。サックを使うように一生懸命説明した。「わたしが病気になるのもいやだし、兵隊さんも病気になったら困るでしょ、お互いにそうなのだから、サックを使ってくださいね」といった。ちゃんと説明すればおおむね軍人たちは納得した。

なお、女子には煙草の配給がないが、倶楽部の稼業婦に対しては、「兵隊さん」の接待用として、特別に毎日一〇本の配給があったという。これも、兵隊さんを「お客さん」としてもてなした、ということだろう。

さらに文氏の証言では、恋に落ちて恋愛をしたり、結婚をしたりした例もあったという。朴氏の日記にも、「スマトラのパレンバンからシンガポールに来た宮本敬太郎と、第一白牡丹の前慰安婦で現仲居が、このたび結婚することになり、今夜両国食堂で知り合いを招いて祝賀酒を飲むので行こうと言われて、帰りには白牡丹にも寄って祝賀した」（10／25）というような記述がある。

だが、慰安婦が慰安業を辞めることは簡単ではなかったようだ。「村山氏の慰安所で慰安婦をしていたが結婚生活をするために出た春代と弘子は、このたび兵站の命令で再び慰安婦として金泉館に戻ることになった」（7／29）という記述がある。

慰安所をめぐるトラブル

また、慰安所をめぐっては、様々なトラブルも起きた。

九月九日、チャンギ俘虜収容所の軍属が無断外出し、当倶楽部の酌婦、菊枝のところで泊まったのが憲兵に発覚して、今調査中だそうだ。同部隊の中尉が来て、菊枝に対して、事実調査をして帰った。

二月二二日、夕食を食べ、西原君と行李の荷物を包んでいると、慰安婦たちが突然、酔客が刀を抜き暴れているというので、西原君がすぐ駆けつけて、酔客を取り押さえおとなしくさせたので、荷物の方は完全に包めなかった。夜一時頃寝た。

文玉珠氏の証言によれば、彼女たちは兵隊から、「朝鮮ピー」「朝鮮人のくせに」と言われることもあったという。また、ある時、酔っぱらった下士官が来て、文氏が生理の最中だったので断ったところ、その下士官は「嘘をつくな」と怒って、日本刀を振り回してきたという。

「同じ大日本帝国の女性をどうして殺そうとするのか。そんなに馬鹿にするなら朝鮮を独立させてくれ」と刃向かったら、その下士官は、文玉珠を日本刀で斬りつけてきた。文玉珠は、思わず刀を奪い、気がつくと反対にその下士官を刺していた。その下士官は死に、文玉珠は軍事裁判にかけられた。しかし、正当防衛が認められ、無罪となった。

酔っぱらって切りかかって来た兵長を逆に殺した。（中略）日本軍の軍法会議で正当防衛が認められて無罪となった。（中略）わたしの無罪に多くの日本人の軍人たちも喜んでくれた。

一方、歴史家の秦郁彦氏は、彼女のこの証言について、次のように述べている。

ところが彼女を救えとデモまであって、軍法会議の判決は正当防衛で無罪釈放という「美談」だが、念のためラングーン憲兵隊本部に勤務していた横田正夫少尉、藤井雄曹長に聞いてみた。二人がこもごも語ったところを総合すると、「兵隊が慰安婦に殺されたとしたら大事件で、それに軍法会議へ送致するのは憲兵隊だが、聞いたことないなあ。作り話じゃないか」とのこと。

（『慰安婦と戦場の性』新潮社、一九九九年）

しかし私は、一般的には物ごとを大げさに話す人の過剰表現なのかもしれないが、全く作り話ではないだろうと思う。それは、記録と話し言葉の差でもある。人は文をもって朗読するように語るわけではない。文玉珠氏の証言は、本日記と一致する所も多い。朴氏と文氏の記録には、生活や知識などは異なりつつも、共通の事実がある、ということには注目すべきである。そのほか、慰安婦どうしのケンカから、一方が自殺を図るというトラブルも起きている。

八月一六日、夜三時頃、村山氏の婦人が照子（松原分任）が毒を飲んだというので行って見ると、過マンガン酸カリを飲んで苦しんでいたが、水を飲ませて吐かせ、生命には支障がなくなった。原因は仲間の澄子とのけんかの結果であるという。

同じ件ではないが、この薬物について、文玉珠氏は次のように語っている。

ここには水道の蛇口が一つあり、水浴びができた。風呂はなかったが、ビルマは暑いところだから風呂はいらない。たらいに水を汲んで消毒液を使って局部を洗う。消毒液は、カマカジサン（過マンガン酸）という赤い丸薬を溶かして作った柿色の水だった。この薬は一週間に一度配給された。飲むと死んでしまうほどの猛毒だけれど、尿を入れると中和されて毒が消える、と衛生兵から聞いていた。ある時、私の尿を入れて実験してみた。ほんとうに、尿を入れると色が消えて、ただの水になってしまった。それで、友達の命を助けたこともある。「きつい、きつい」といっていた友達が、自殺しようと思ってこれを飲んでしまったのだけれど、とっさに私の尿を飲ませて助けたのだ。もう意識不明になってほとんど死んでしまっていたのに、あっというまに生き返って、なんとも不思議だった。

慰安婦の休業と廃業

慰安婦は、手続きによって廃業、休業ができたようである。「慰安婦の順子とお染の二名が廃業した」（3／3）、「慰安稼業婦の許琴祥（玉江）は目下妊娠七ヶ月であるので、休業届を提出した」（7／4）という記述がある。

軍政下のシンガポールでは、慰安婦はもちろん、従業員など一般人の移動も、軍政の昭南特別市の警務部によって統制、管理され、様々な手続きが行われた。以下のような記述が、それに当たる。

四月一〇日、今般帰還した慰安婦二名の送金許可願を横浜正金銀行に提出し、特別市保安課に行って、今般新しく入った慰安婦の市丸と静子の二名の就業許可願を提出したところ、軍医の診断書を添付して再び提出してほしいといわれた。

四月一八日、今般スマトラのパレンバンからシンガポールに来て菊水倶楽部が慰安婦として迎え入れることになった金愛順の就業許可の件に対して、特別市警務部保安課に行ってきた。四月二二日、特別市警務部保安課に行って、金愛順、崔順玉の二名に対する就業許可願を提出した。五月八日、特別市の警務部保安課の営業係に、稼業婦就業許可手続きをするために行ったが、係員がおらず、なにもせずに帰った。五月九日、金愛順、崔順玉、二名の稼業婦の就業が許可された。

六月二八日、新入り酌婦の宋明玉の診断書を受領し、稼業婦の就業許可手続きの書類を作成した。六月二九日、新入りの慰安婦、宋明玉を連れて、特別市保安課に行って就業許可書の下付を受けてきた。

七月九日、金本恩愛とその妹の順愛が今般帰郷のために廃業するといい、主人の西原様は承諾したので、廃業届を保安課営業係に出した。七月一二日、宋明玉に対する在留証明の手続きが完了し、証明書の下付を受けた。保安課営業係から金本恩愛に対する旅行証明手続きに要する証明書を受けた。七月二〇日、金本恩愛と、その妹の順愛の両人を連れて、特別市保安課分室旅行係に行って、帰還旅行証明の手続き書類を提出したが、不備な点があり、そのまま持ってきた。

九月六日、保安課営業係に金永愛の廃業同意書を提出し、証明を受けた。一一月五日、特別市保安課営業係の坂口警部のところを訪ね、本倶楽部の仲居の絹代に対する解雇同意書と、稼業婦の秀美の廃業同意書を交付してもらってきた。金本恩愛およびその妹の順愛の両人を連れて特別市保安課分室の旅行係に行き帰還旅行証明手続きを提出した。一一月六日、西原様付託の送金をして、秀美の帰国旅行証明申請書を提出した。

一一月八日、仲居の李東鳳の旅行証明申請書を旅行証明係に提出した。一一月一五日、稼業婦の金永愛は今日、内地に帰還する船に乗った。一一月一六日、特別市保安課営業係に行って、帰国した金永愛の酌婦認可書を返納した。

預貯金と送金

慰安婦から見る慰安業は、営業、商売であった。つまり、売春業の出稼ぎであった。朴氏の日記では、彼女たちがどう募集に応じてきたか、いわゆる「強制連行」されてきたのかについては、一切言及されていない。

一方、前出の文玉珠氏のインタビューによる証言には、「連行」という言葉がある。だが、それは、彼女が聞かれて答えたものであり、いわば聞き手によって出された言葉であり、おのずと、この日記とは異なるものである。

朴氏の日記には、「金銭のやりとり」の記述が多く見られるが、彼はあちらこちらに送金し、その受取りの確認は電報、手紙、人の往来などによって行ったようだ。

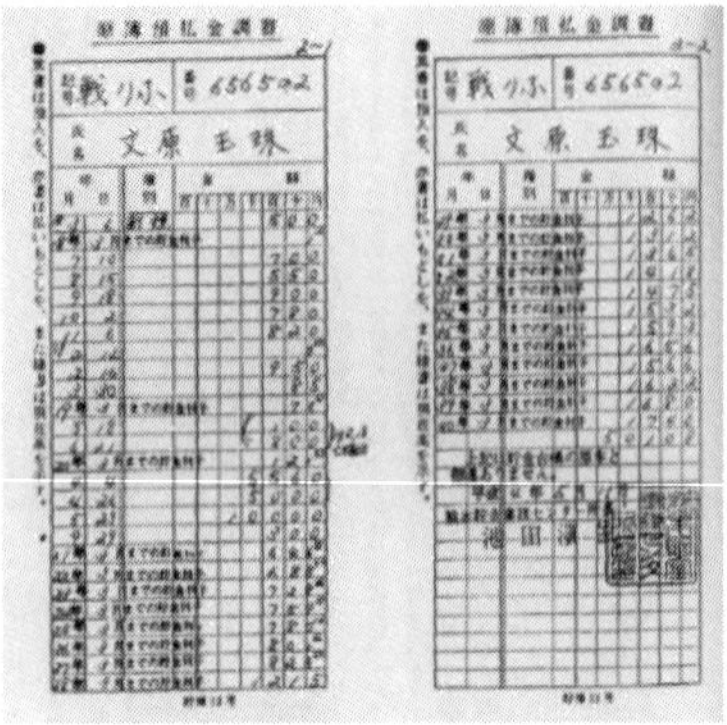

文玉珠（文原玉珠）氏の軍事郵便貯金

> 正金銀行に立ち寄り、市内を通ってインセンに帰った。村山氏の長男の村山浩二君と野戦郵便局に行き、正金銀行に行って村山氏の貯金をした。航空司令部に行き、送金に必要な証明書を受けた。野戦郵便局に行き村山氏の送金をし、自分の貯金もした。

一方、元慰安婦の文玉珠氏は、金銭的なことに関しては、以下のように証言している。

慰安所受付で、兵隊は料金と引き替えに慰安所切符を受け取り、部屋に入ってから文氏らに渡していた。毎晩、集まった切符を、文氏らは経営者の松本に渡し、月に一回、半額が現金で女性たちに渡された。しかし、この中からご飯のおかずや服や煙草を自分で買い、つらい時は酒も飲んだので、みんな生活費になってしまった。貯金した一万五千円のお金は、兵隊からのチップであった。慰安所のある所には「野戦郵便局」があり、兵隊が利用していた。一般の人は利用できなかった。「慰安婦は軍属扱いであった」ので、文玉珠もここに貯金していた。

軍人に、私も貯金できるか尋ねると、もちろんできるという。兵隊たちも全員、給料を野戦郵便局で貯金していることを私は知っていた。貯金することにした。兵隊に頼んで判子も作ってもらい、お金を五百円預けた。わたしの名前の貯金通帳ができあがってくると、ちゃんと五百円と書いてあった。生まれて初めての貯金だった。
（中略）こんな大金が貯金できるなんて信じられないことだ。千円あれば大邱に小さな家が一軒買える。母に少しは楽をさせてあげられる。晴れがましくて、本当にうれしかった。貯金通帳はわたしの宝物となった。

別表は、朴氏が日記に書いた、金銭関係の主な記述をまとめたものである。

日付	送金者	受取人	金融機関	金額	参考
6.8	朴	村山	野戦郵便局		貯金
6.9	朴	村山	野戦郵便局		送金
6.2	朴	慰安婦2名	正金銀行		貯金
10.1	朴	正金銀行	横浜正金銀行		取り寄せ
10.26	朴	正金銀行	ラングーン銀行		貯金請求
12.6	朴	大邱小室		2,000円	送金確認
2.29	朴	弟	電信為替	200円	送金
3.25	朴	慰安婦	横浜正金銀行		貯金
3.27	朴	慰安婦	横浜正金銀行		貯金
4.14	朴	李鍾玉、郭玉順	横浜正金銀行		送金
4.26	朴		華南銀行	5,000円	借用
5.1	朴		華南銀行	19,000円	借用
5.4	朴	小室	横浜正金銀行	500円	送金
5.15	西原	本宅	中央郵便局		送金
6.14	金川光玉	金川光玉	横浜正金銀行		送金
6.14	朴	大邱の妻	中央郵便局	600円	送金
6.16	朴	稼業婦	銀行		貯金
7.13	西原	朴	華南銀行	3,000円	収入
7.20	西原		華南銀行		入金、送金
7.27	朴	稼業婦	正金銀行		貯金
7.27	朴	舎弟		300円	送金
8.15	金今先		郵便局		送金
8.26	西原		華南銀行	24,000円	利息金支払
9.26	西原	故郷家族			送金
9.28	朴	稼業婦	正金銀行		貯金
9.29	朴	稼業婦	正金銀行		貯金
9.30	朴	稼業婦	正金銀行		貯金
10.13	朴	西原	横浜正金銀行		送金
10.13	朴	李東鳳	中央郵便局		送金
10.21	西原	朴	華南銀行	7,390円	受け取り
10.24	朴	大邱の妻		600円	送金
10.27	金今先		中央郵便局	600円	送金
11.6	西原				送金
11.9	朴	慰安婦	横浜正金銀行		貯金
11.14	金永愛	金永愛			送金
11.24	朴	李東鳳	中央郵便局		送金
12.4	金安守		正金銀行	11,000円	送金
12.5	金今先	故郷	中央郵便局		送金
12.16	朴	朴	横浜正金銀行	39,000円	送金

現地の様々な商売

朝鮮人たちは当時、中国や東南アジアなどの日本軍占領地や前線地域で、食堂や慰安所などの商売を営んでいた。当地において朝鮮人は、ビルマ、シンガポール、インドネシアの東ティモールやスマトラ、マレーシア、タイ、ボルネオなどに広くネットワークを持っており、慰安業以外にも食堂、料理屋、餅屋、製菓所、豆腐屋、製油工場、写真館などを経営していた。

朝鮮人たちが経営する食堂には、青鳥食堂、三益食堂、美松食堂、大東亜食堂、両国食堂、みなみ食堂、南昭荘食堂、ミヅホ食堂、ひかり食堂、山水園食堂などがあった。

こうした商売は、前線から後方まで、一般的に見られた。これらも慰安所と同様に、経営権を売買したり譲渡したりされた。慰安業者が食堂を経営することもあった。慰安所と食堂を一緒に経営した例として、以下のような記述がある。

連隊の移動と同時にアキャブの私の慰安所の慰安婦の照子がアキャブで食堂をやっている葦原氏と一緒に来て、葦原氏がタウンギで経営するという（6／28）。インセンの村山氏の長男の浩二君はメテクラの自分の食堂の処分のために出発したという（7／25）。

また、「日本サービスに臨時宿泊している、昨年朝鮮から一緒に来た一団の中の大石氏と豊川氏に会い、大山氏と支那人街に行き、一丸荘食堂で朝飯を食べた」という記述もある（4／3）。

彼らが食べた食事や料理の内容は書かれていないが、餅屋や豆腐屋などがあることから、朝鮮料理を食べたと想像がつく。

食堂は主に中国人街（チャイナ・タウン）にあった。少数民族が住み分けられて住居しているが、朝鮮人は主に中国人街に出入りしたと思われる。「一丸荘食堂は支那人街にあった」「支那街に出て夕食を兼ねて料理を食べた」という記述がある。

食堂は食事をする場所でもあり、飲む場所でもあった。「今夜両国食堂で知り合いを招いて祝賀酒を飲むので行こうと言われて行って、帰りに白牡丹に寄って祝賀して帰って来て寝た」「夕食を食べ、スマトラから来た高島氏の招待で西原君と延安氏と四人で両国食堂に行き、酒を飲んだ」とある。また、時には、軍人や軍属が貸し切りにすることもあったようである。「大石、豊川、三田、大山らと料理に夕食を食べにいったが、軍人、軍属の外には出入り禁止だという」ので、朴氏は入れなかったと書いている。

「一月二五日、今日は旧正月一日なので、支那人が経営する食堂、商店、事務所が全部休業する。夕時、大山君と一緒に某支那人の食堂でヤキ米粉を夕食の代わりに食べた」という記述や、「豆腐屋の鄭氏のところに行き過ごして帰り、ラングーン会館で寝た」（2／3）という記述もある。

飲食業以外にも、いろいろな商売があった。日記には「大山氏が経営中である青鳥食堂の経営権、器具一切を代金六千五百円で豊川氏に売り渡した」（4／22）という記述があるが、この大山氏は、カマヨで前に契約した製油工場の解約のためにそこに行き、一か月の家賃五百円をはらって解約し、契約金の中から五百円を受けとったとのこと。

このように慰安所は、彼らにとっては、多くの職種の中の一つに過ぎないということを知らなければならない。こうした、戦地における人々のバイタリティあふれる経済活動は、日記の随所に書かれている。

食油製造工場（支那人の陳瑞信が所有）を引受けて経営することになり、陳瑞信の家に行って、工場および家屋の賃借りの件について契約した。その際、毎月五百円で賃貸借契約を結び、保証金に千円を支払った。食堂と製油工場を大山氏と共同で経営する約束をし、事業準備を進めることに決定した。

青鳥食堂の家主の印度人の所に行って家屋の再修理をしてくれと頼んだ。青鳥食堂の修理をしている所に行き、使用人のビルマ人のソーリンを連れて、電気商の印度人の所に行った。大山氏とまた電気器具商人の家に行った。印度人の食堂で、偕行社の高橋栄氏に会い、一緒にあっちこっち回りながら過ごした。

村山氏の製菓所の物資指定仕入商の印度人キリシナが急性肺炎で死亡した。この印度人は大東亜の戦禍で妻子を亡くし、一八歳の後妻を迎え、商売を経営していた。至極温順な当年四四歳の活動的な人物であって、その急死は本当に愛惜の念この上ない。村山氏はお悔やみに行き、香典まで出した。

第四章　軍政と慰安所

ここでは、当時の日本軍による「軍政」と慰安所の関係について、見ていきたいと思う。日本軍は、東南アジア、ニューギニア、中部太平洋方面の占領地において、軍政を行った。軍政とは、占領軍が支配下に置いた領域および領民に行う、立法・行政・司法全般に渡る統治活動をいい、軍自体が地域の統治を執り行う。

朴氏のいたシンガポールには、軍政下の行政組織として「昭南特別市」が設置され、軍政監部などが出入国に関する業務などを担当した。つまり軍が行政を担当し、占領軍の参謀長が軍政監部の責任者となって、行政が行われたのである。これは、軍が民政にまで関与した、ということでもある。こうした状況は、朴氏の日記からも、十分に読み取れる。

三井物産会社の三階にある日本人会事務所に行って入国許可書を提出したら、軍政監部に提出しろと言われた（2／1）。軍政監部の警務課に行き、入国許可願を提出した（2／4）。軍政監部に入国許可書をもらいに行ったが、まだ何もされてないので、また来いとのこと（2／10）。軍政監部に行き入国許可証をもらってきた（2／13）。軍政監部の警察課に行き、帰国の許可の件について問い合わせた(4/22)。

内地延長化として日本軍は、日本語や、日本の年中行事の実行を要請した。朴氏の日記にも、「昭南も内地と同様、門松を立てて新年を祝賀する」とある(12/29)。朴氏は、ただしここは内地の夏のような正月なので、内地の元日の気持ちは、なかなかしないと書きつつ、大晦日の一二月三一日には、同宿している偕行社タクシー部の西村、中原の両氏と大山君、および貨物廠軍属の佐野氏と宿舎で夕食を兼ねて簡単な忘年会を開いている。軍政に関する日記の記述には、以下のようなものがある。

銀行送金は多額でも大丈夫だが、軍政監部の許可が必要である。銀行で許可用紙を得て申し込めばいいという(1/24)。軍政監部敵産課水田係の宮崎氏に精米工場の経営について相談し、課長にまで面会し、産業部で問い合わせたところ、なんらかの措置をとるという(2/20)。

朴氏の日記にたびたび出てくるシンガポール特別市保安課は、現地の行政を担当した部署である。朴氏はここで、様々な手続きを行った。

「旅行係に行き帰還旅行証明手続きを提出したが、不備な点があってそのまま持って帰った」(7/20)特別市の保安課で「金本恩愛とその妹、順愛の二名の旅行証明がおり南方運航会社に乗船申込をした」(8/7)「保安課営業係に行き、本倶楽部の慰安婦、金今先の旅行証明手続きに必要な証明書を交付してもらって来た」(9/11)「保安課分室の旅行証明係で先般提出していたビルマ往復旅行証明と金今先、金永愛両人の内地旅行証明ができていたので、すぐ行って受け取って来た」(9/27)「特別市保安課分室の旅行係に行き、ビルマのラングーン行きの旅行証明を取り消した。保安課の営業係で私の菊水の帳場の解雇届を提出した」(10/10)「特別市保安課分室から、旅行証明ができたので受け取りに来るようにとの通知がきたので、すぐ行って受け取って来た」(11/2)「秀美の帰国旅行証明の申請書を提出した」(11/6)「仲居の李東鳳の旅行証明申請書を旅行証明係に提出した」(11/8)「私は特別市財務課、同保安課分室の旅行証明係に寄って帰って来て」(11/14)などである。

軍と民間の区別を難しくするものとして、軍内にも民間人が多く働いていた、ということがある。軍では、様々な物資を配給しており、日記には以下のような記述がある。

米穀の配給所に行き、西原氏家族の二月分の糧米および砂糖の配給を受けた。また、洗濯石けんと洗顔石けん、およびマッチの配給も受けて帰ってきた。米穀配給所に行って、昨日品切れで配給を受けられなかった塩を受けてきた。先日注文していた行李を受け取ってきた。シンガポール総物資配給所に行き、砂糖、塩、石鹸、マッチ、煙草などの配給を受けてきた。

軍の野戦酒保に設置された慰安所が業者による経営であることから、「これらは『軍の経営』ではなく、作業および労務の請負という商行為を行う『請負業者』に過ぎない。慰安所の業者に軍属の身分を与える事は、制度上考えられない」という意見がある。しかし、連隊本部が一般事務室で出張証明書を発行するなど（1／16）軍政下では軍が一般行政も行っていたことから、軍との関係が密接であったことは間違いない。

軍と慰安所とは、指定関係、あるいは得意先の関係ではなかろうか。あるいは、あくまで占領地の軍政下における、統制管理ではなかったのか。

軍政下の生活について、朴氏は以下のような様子を書いている。

一二月二一日、興南奉公会（註・日本帝国の奉公会がシンガポールでも存在していた）の昭南特別市支部では、会員の再登録を実施した。一二月二四日、朴氏と高橋重義氏は興南奉公会に入会したが、大山君と中原氏、西村氏の間には考えの行き違いがあり、多少摩擦があった。

その他にも、奉公会に関する以下のような記述がある。

植物園内の一隅で興南奉公会の耕作実習地を選び、実地作業のためにタピオカを植えた。興南奉公会の青年訓練場で訓練を受けている大山君の訓練が終わるのを待っていた。

さらに、警防隊や隣組、同業組合などの活動の様子も書いている。

警防隊の打ち合わせ会があり、倶楽部組合の事務所に集合した。このたび、警防隊は隣組の単位に組織改編し、第五中隊第二小隊の第一分隊が、この倶楽部の区域とその他少しが入っている区域を担当する。夜一時頃から防空当番をして夜を明かした。常会で決議した新しい事項として、明日から七班の邦人は二人ずつ、夜一時から明朝八時まで防空に対する不寝番をするということである。

倶楽部の組合事務所が南方亭の前に移転した。前の組合事務所は、通過する慰安部隊の宿舎として使われるらしい。毎月の末日が倶楽部組合事務所の常会になり、第四班の常会が（大和屋）倶楽部事務所で行われた。夕食を食べ、倶楽部組合の事務所の常会に出席した。一四時頃、倶楽部組合の事務所で、営業主側が集まって、組合長による帳簿記載方の説明があった。

こうした会合に際し、いつもは営業主が会員として参加するが、時には帳場人の朴氏が代理で参加したこともある。西原君は事故にあっていけなくなってしまい、私に行ってほしいといわれたので、大和屋で開かれる常会に出席した、という記述がある。

兵站と慰安所

さらにここで、慰安所と兵站の関係について見てみたいと思う。

朴氏自身は軍人ではないが、メルグイの兵站を訪ねて行き、宿泊を要請したと書いている（9／15）。現地に夜遅く着いて兵站部で寝たこともある。「警備隊の兵站部を訪ねて行き、一行の荷物を全部おろして、食事をして同宿舎で寝た」（9／12）という記述がそれである。「停泊場司令部に行き、乗って来た船の食費を支払った」（9／16）という記述もある。

アキャブを離れる際には、同乗した船で知り合った中村上等兵という人物と、兵站へ行って彼の部隊で寝食をすることになったと書いているが（1／18）、これは、軍との関係というよりも、単に個人的な関係であろう。

「職工、苦力に配給する白米を部隊の酒保で購入して、荷車に積み、カトンに寄り、東亜商会の事務所に帰った」(7/15)とあるように、兵站や酒保は物の供給販売もした。先に述べた通り、彼の日記を見る限り、慰安所と兵站との関係は密接ではあるが、慰安所が軍の施設なのか、ただの関連施設であったのかは明確ではない。

いずれにせよ、軍との関係が密接だったことは特徴的である。それは二つの面で検討される必要があるだろう。一つ目は、軍との直接連携関係であったのか、ということ。二つ目は、ビルマとシンガポールの戦地・占領地においては軍政下に置かれていたため、慰安所が単に軍政監に統制、管理されていただけなのか、ということである。

慰安所は、営業の収入などを軍政に報告した。それらは基本的に、営業主や帳場人が管理していた。慰安所が軍の命令で移動したのかどうかは明確ではないが、朴氏の日記には以下のような記述がある。

三月一〇日、朝、ビルマ・ペグー市の金川氏宅で起き、朝飯を食べた。ラングーンの金澤君がマンダレーに行った帰り道にペグーに立ち寄り、私がいることを知って訪ねて来たのである。終日過ごし、夕食を食べて寝た。五五師団から金川氏の慰安所をマンダレーの近くのイェウという所に移転せよとの命令があって、今日、そこの部隊長が来て行こうというのだが、慰安婦一同は絶対反対で、行けないといった。

つまり、「移転せよ」という師団からの命令に、「慰安婦たちが反対」して、「行かなかった」というのである。

結局は、司令部の命令には勝てず、慰安所をイェウへ移そうということになるのだが(3/14)、最後は、師団の連絡所からイェウ方面への移動を当分のあいだ中止すると言われている(3/16)。

その他にも、アキャブの慰安所が連隊の移動と同時に移動してタウンギで経営をするので、慰安所の女子たちも部隊と一緒に一、二か月後には移動するようだ(6/28)という記述もある。

これらの例からは、軍による干渉や命令があったようにも見られるが、その「強制力」には、強弱があったようである。

兵站については、以下のような記述もある。

航空隊所属の慰安所二か所が兵站管理に移譲されたという(7/19)。村山氏が経営するインセンの一富士楼が兵站管理になった(7/20)。同じくインセンの慰安所二か所が兵站管理になった後、慰安婦の検査も兵站の軍医がすることになった(7/26)。

こうした記述からは、兵站司令部が慰安所をコントロールした、というようにも見える。

その他にも、「新井、村山両氏が兵站司令部へ行き、慰安婦の検黴をインセンで行うよう請願した」（7／28）「山添氏が言うには兵站司令部で話をし、手続きを踏むようにとのことだった」（8／27）「兵站司令部に行き、中里中尉に会い、昭南に行こうと兵站で証明書を受け取れるように話をした」（8／28）などの記述があり、この点だけを見ると、慰安所は軍の管轄の下にあった、と言えるのかもしれない。しかし、前出のように、こうした軍の命令に「慰安婦たちが反対した」ということは、軍組織としてはあり得ないことであり、そうしたことも合わせて考えないといけないだろう。

そもそも兵站管理というものについて考えるとき、「航空隊所属の慰安所」や「兵站管理に移譲された」という記述は、何を意味するのだろうか。所属の変更か、あるいは管理部門の変更だろうか。となると、すでに兵站の「管理」になっていた一富士楼が、のちに譲渡が出来たというのは、どういうことなのだろうか。兵站（軍）の「管理」と、慰安所の「譲渡」という行為は、矛盾している。そうであれば、ここでいう「管理」とは、単に衛生管理を意味するのであろうか。

慰安所が軍の所属や施設であったならば、「慰安婦一同は絶対反対といって行かない」などということは、できなかっただろう。だからこそ慰安所の建物は、民間のものであり、売買もできたのである。

皇軍の戦況と戦果

一九四三年（昭和一八年）の日記の末尾に、朴氏は「皇軍の戦況と戦果」という題で、次のように書いている。

戦火が続く中、迎えた旧年が血戦で暮れた昭和一八年も今日で終わりだ。本年最終の日記をつけるに当たり、去る一年を回顧しよう。第一に、大東亜戦局は西南太平洋方面で前年来持ち越してきた敵軍の反撃の中にて新春を迎えた。（中略）これは敵軍の反撃を粉砕して大戦果を収めて必勝不敗の態勢を強固なものにしたという。即ち、一月二九日のレンネル島沖の海戦において、戦艦三、巡洋艦四を撃沈破し、二月初めのイサベル島沖海戦、四月初めのフロリダ島沖海戦、一一月の数次にわたるブーゲンビル島航空戦、ギルバート諸島沖航空戦、その他大小の迎撃戦、攻撃戦で敵の戦艦、空母、巡洋艦以下の艦艇と船舶を撃沈したことで、数百隻という正に驚異の大戦果を収めた。

一方、ビルマ方面からは、インド国境で英印軍の反攻を粉砕し、アキャブ奪回の企図を完封しており、一方、怒江作戦では、雲南国境で蠢動する重慶軍を撃滅し、その後執拗に盲撃してくる在印英空軍を迎撃し、そのたびに大損害を与え、再びその在印基地を攻撃するなど、ビルマ奪回を狙った敵を顔色なからしめた。

一方、支那大陸においては、不断の粛清・討伐とともに、在支米空軍に痛棒を加え、手足を結んでおり、また中支作戦において敵の第六、第九戦区の戦力を壊滅させ、重慶に対し大きな脅威を与えた。このような戦果には、幾多の尊貴な犠牲があった。特に、山本元帥の戦死、アッツ、タラワ、マキンの各島守備隊の玉砕は、全国民が痛悼するところであるが、戦局の大勢には何の影響もなく、それにより国民の士気は昂揚していると推量することができる。戦局の苛烈さに対応する必勝の国内体制も画期的に更改され、軍需、農水、運輸通信の三省は一一月一日から開庁しており、その他の戦力の増強の重点的施策と相俟って、我が戦力は飛躍的に強化されている。

一方、第八三回臨時議会における大東亜総決起の決議に次ぎ、六ヶ国代表による大東亜会議では、亜細亜の聖典である大東亜宣言が行われた。中国国民政府は年初、米国と英国に宣伝布告をしたが、積年の宿望だった租界回収と治外法権撤廃も日本の好意により完遂された。

一方、八月にはビルマ、一〇月にはフィリピンの独立が厳かに宣言され、自由インド仮政府が樹立される上で、亜細亜解放の聖業が皇軍の戦果と併行して着々と具現されていることは、実に歴史的な偉観を誇っている。そして昭和一八年は過ぎ、この新年はまさに決戦の年として、希望と勇気を胸いっぱいに持って迎えたい。

また、翌年一九四四年（昭和一九年）の元日、一月一日の日記には、こう記している。

晨暉暁曇を破して海上に日出して、ここに昭和一九年の春は硝煙の下で迎えた。神武天皇の惟神の大道に遵い（註・したがい）、万世不易の国基を定めてから正に二六〇四年、一億民衆は俯伏して陛下の聖壽無疆と皇室の彌栄なることを奉祝するばかりだ。征戦ここに第三年、皇軍必勝の態勢は既に成り、大東亜一〇億民衆もまたわが国に協力して、共同目標の達成に忠実たり。速やかに姦凶を討滅し、その非望を粉砕し、アジアの解放、世界新秩序の建設を完成して、大訓の聖旨に副奉する。それにより皇威を四海に輝かせなければならない。

昭和一九年こそ、敵の死命を制圧する決戦の年だ。私は元日早朝七時頃に起きて顔を洗い、精神を整えた後、東天遠く宮城に向かって遥拝し、皇軍の武運長久を祈った。故郷の父母、兄弟、妻子の安在なることも祝願した。南方で年を越すのもこれですでに二回目である。今年こそ幸運に過ごせますように。そしてすべての仕事が計画通りに行くように。

私は今年で四〇歳の半生を送った。歳月は過ぎ、人生は白髪ばかりを増やす。値千金の貴重な歳月を、有意義に過ごしていこう。大山君と菊水倶楽部の主人の西原君の招待を受け、新年の酒肴を満腹まで味わい、楽しく過ごしてから、帰路、共栄劇場で映画を観てカトンの宿舎へ帰ってきて寝た。故郷の父母、兄弟、妻子とともに新年を迎えることができず、非常に悲しくて残念である。いつ、家族と一緒に、新年を迎えられるだろうか。

以上の記述からわかるように、朴氏は国際的な戦況を十分に把握している。それだけではなく、毎朝東方の宮城を遥拝をするのはもちろん、天皇が伊勢神宮へ御親拝なされて一年目になる記念日に遥拝したり（12/12）、皇軍の武運長久、戦没将兵の冥福と必勝とを祈願し、忠霊塔および昭南神社を参拝、紀元節や、陛下の第四四回目の御誕辰、天長節の慶祝、大東亜戦争の二周年記念日、マライ発足二周年の記念日、シンガポール陥落二周の記念週間など、様々な行事で真摯に祈ったり、勤労奉仕作業に参加したりしている。

現地新聞「さくら」の天長節に関する記事

彼はまた、その時々の戦況や時局などにも関心を強く持っており、日記に以下のような記述を残している。

> ビルマの独立宣言、国家元首にはバ・モー氏が推戴された。我が国を盟主としてビルマ国の隆盛を祝す。日緬同盟条約が締結され、英米に宣戦を布告した。敵機がプローム市から三〇余里（註・日本式なら三里）のところで皇軍の反撃を受けて墜落した。皇軍はインド国民軍と手を組み、印緬国境を越えた皇軍は、インパールの要地までわずか一里しかないところまで進撃した。山本元帥の国葬の日なので、終日、敬虔な気持ちで過ごした。台湾の東方海面に落下した敵の機動部隊を捕捉し、空母一〇余隻その他軍艦等数十隻を撃沈した皇軍の大戦果が発表された。古賀海軍最高指揮官が、去る三月

の戦線で指揮中に殉職したが、後任は豊田大将が就任した。太平洋戦争の開戦日である一九四一年一二月八日に天皇の「宣戦詔勅」が公布されたことを記念する式が行われた。以下は、一九四三年の元旦に、朴氏が書いた日記である。

紀元二千六百三年　金曜日

昭和一八年一月一日　晴天　一九／二一

大東亜聖戦の第二回の昭和一八年の新春を迎え、一億民草は俯伏し、慎んで聖壽の無疆あらせられんことと、皇室の彌栄あらせられんことを奉祝いたすところである。私は遠く故郷を離れ、ビルマ・アキャブ市の慰安所の勘八倶楽部で起床し、東方宮城に向かい遥拝し、故郷の父母、兄弟、妻子を思い、幸福を祈った。東の空の日も意があるごとく照り、皇軍の武運長久と国家隆昌あらんことを祝福してくれる。どうか、今年一年も無事、幸運に過ごせますように、妻男（註・妻の兄弟）と世桓君は慰安婦を連れて連隊本部、その他三、四ヵ所に新年のあいさつのために行って来た。前線の陣中の元日もほぼすぎて夜になると、今年の幸運を夢に見て、何日か寝られず、つらかったために、深く寝入った。

ここに朴氏は、「大東亜聖戦」「慎んで聖壽の無疆あらせられんことと、皇室の彌栄あらせられんことを奉祝いたすところである」というように、天皇の臣民であるという姿勢を強調して書いている。なぜ私事である日記に、このような文を書いたのか。おそらく当時の朴氏は、心から「忠良なる臣民」であったのではないだろうか。紀元節、天長節などとともに、日本の帝国主義が打ち出していた「聖戦」「皇軍」という言葉も、当時の多くの朝鮮人に染み付いていて、自然と「帝国臣民」の意識を持っていたのであろう。

その上で、先述したように彼は、たとえ日記が人に読まれてもよいように、と考えていたのではないだろうか。

日記全体の文脈からは、彼が日本の帝国主義に不満を持ち、母国の独立を願う気持ちを持っていたとは、とうてい思えない。日本帝国の臣民として商売を充実させることが、彼の本音であったと思われる。これは、当時の人たちの一般的な見識だったのかもしれない。暦の表記にしても、彼は太陽暦を主としつつ、旧暦である太陰暦も併記し、朝鮮の名節も記している。

軍服を着た性奴隷？

慰安所を軍の施設としてとらえた場合、キャンプやテントといったものを想像する人も多いだろう。実際、ある韓国人女性は、「慰安婦は、軍人として軍服を着て、部隊の中で奴隷生活をしながら、兵士の性的相手になっていた」と言った。

本当にそうだったのだろうか。この朴氏の日記を読む限り、慰安所が軍の内部にあったとは、

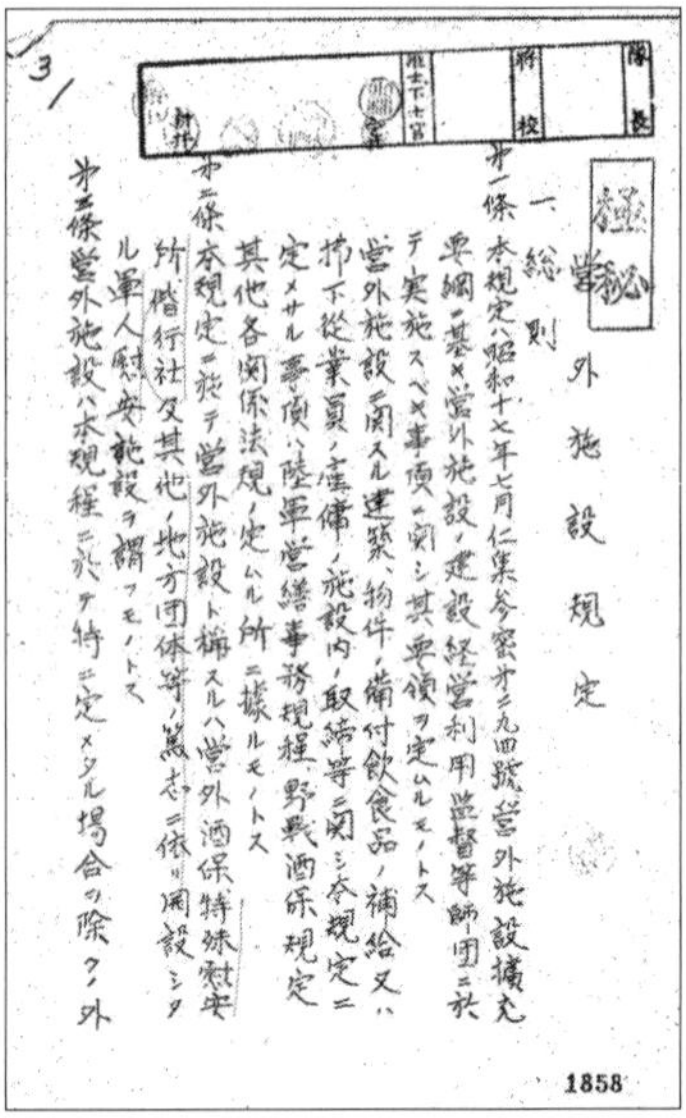
営外施設規定
一 総則
第一條 本規定ハ昭和十七年七月仁集参密第二九四號営外施設擴充要綱ニ基キ営外施設ノ建設経営利用監督等師団ニ於テ実施スベキ事項ニ関シ其要領ヲ定ムルモノトス
営外施設ニ関スル建築、物件ノ備付飲食品ノ補給又ハ揃下従業員ノ雇傭ノ施設内ノ取締等ニ関シ本規定ニ定メサル事項ハ陸軍営繕事務規程、野戦酒保規定其他各関係法規ノ定ムル所ニ據ルモノトス
第二條 本規定ニ於テ営外施設ト称スルハ営外酒保特殊慰安所偕行社及其他ノ地方団体等ノ篤志ニ依リ開設シタル軍人慰安施設ヲ謂フモノトス
第三條 営外施設ハ本規程ニ於テ特ニ定メタル場合ヲ除クノ外
1858

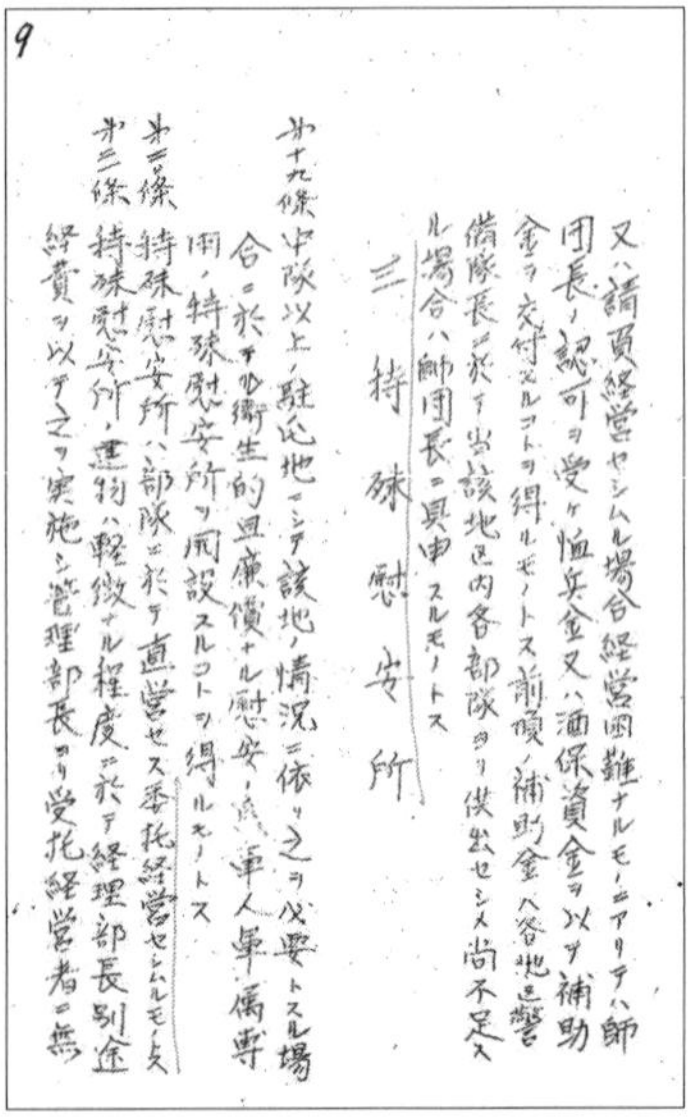
又ハ請負経営セシムル場合経営困難ナルモノニアリテハ師団長ノ認可ヲ受ケ恤兵金又ハ酒保資金ヲ以テ補助金ヲ交付スルコトヲ得ルモノトス前項ノ補助金ハ各地区警備隊長ニ於テ当該地区内各部隊ヨリ徴出セシメ尚不足スル場合ハ師団長ニ具申スルモノトス
三 特殊慰安所
第十九條 中隊以上ノ駐屯地ニシテ該地ノ情況ニ依リ之ヲ必要トスル場合ニ於テハ衛生的且廉價ナル慰安ノ為軍人軍屬専用ノ特殊慰安所ヲ開設スルコトヲ得ルモノトス
第二十條 特殊慰安所ハ部隊ニ於テ直営セス委託経営セシムルモノトス
第二十一條 特殊慰安所ノ建物ハ軽微ナル程度ニ於テ経理部長別途経費ヲ以テ之ヲ実施シ管理部長ヨリ受託経営者ニ無

「営外施設規定」（陸軍営繕事務規定、野戦酒保規定その他の規定）

とうてい思えない。別掲の写真「営外施設規定」（陸軍営繕事務規定、野戦酒保規定その他の規定）の条文に見るように「地方団体等の篤志により開設したる軍人慰安施設を言う」というのが実態であろう。ただし、このことが明確になったとしても、軍が責任を逃れ得るとまでは言えない。

そこで、あらためて軍と慰安所の関係、営業の状況などに注目してみよう。日記では頻繁に書かれている「慰安所」という言葉だが、会話文の中ではあまり使われておらず、倶楽部や会館などの名前（固有名詞）が主に使われたようである。

慰安所には「軍専用」（軍専用倶楽部）と、非専用のものがあったようである。朴氏の日記にある「軍専用倶楽部では毎月公休日が三回だったが、今月から二回と決定された。八日と一九日が公休日である。今日は公休日で休業だ」(3/19)「今日は公休日だが日曜日なので一〇日に変更された」(10/8)という記述から、当時彼が勤めていたシンガポールの菊水倶楽部も「軍専用倶楽部」だったことがわかる。

では、「軍専用」とは何だろう。慰安所が軍に所属し、軍が管理するという意味か、あるいは客が軍人に限られるという意味であろうか。

一九四三年一月二日の日記には、「新年も、もう二日目を迎えた。昨日は元日で休業し、今日から慰安業を始める」とあり、この表現からは「営業」という意味合いが強い。軍隊が営業した、というよりは、民間の営業であろう。

さらに、「今日は近頃では一番客が少なかった。兵丁券が一四枚しか売れなかった」(1/7)「最近は慰安所の来客が少なく収入も非常に減少した」(8/11)という表現もある。やはり軍人の外出が少ないのは、心配のようであった。客が少なくなると、当然収入が減るからだ。それでも彼は、客(来客の軍人)については、わずかしか書いていない。ただ、「お客さんは少なかった」(1/9)という表現から見て、彼にとって軍人は、やはり「お客」という感覚であったのだろう。

朴氏は帳場の仕事をした。「帳場」とは、商店や旅館・料理店などで帳簿付けや勘定などをするところである。この、「帳場」という言葉は、ほぼ毎日のように書かれている。この帳場が、事務をする「場所」を指すこともある。彼は「帳場人」であったから、「帳場で仕事をして寝た」

「夜一時頃まで帳場事務の仕事をして寝た」「終日、菊水倶楽部の帳場の仕事をした」というように、帳場の仕事、帳簿を整理、帳場事務などのことを、繰り返し書いている。

とは言っても、それほど詳しく仕事の内容までは書いておらず、「帳簿の整理」「倶楽部月報の作成」「稼業婦の月収入の計算」「一一月分の倶楽部の稼業婦の稼高帳簿を計算」「収支計算書の作成」というようなこと以上は書いていない。

彼が長く務めたシンガポールの菊水倶楽部は、元々営業主の西原氏の婦人が帳場の事務をしており、それを彼が手伝うことから始まった。まず、婦人と一緒に帳場の仕事を経験してから、彼が帳場人となったのである。元々は営業主の奥さんが帳場をしていたということは、仕事内容に秘密的なこともあったのかもしれない。

便乗

朴氏だけではなく、営業主や慰安婦たちも、移動には鉄道、船舶、自動車や馬車、飛行機など、一般の交通手段を利用した。こうした船や列車などには「便乗」することも多かった。「便乗」とは、他人の乗り物に、ついでに乗せてもらうことである。だから、軍人が軍の交通機関を利用するのを便乗とは言わないだろう。おそらくここでの「便乗」とは、軍人でない人、外部の人間が軍の交通機関を利用する、ということを指すのであろう。日記には、以下のような便乗に関する記述がある。

四、五日間は一般列車の運転はなく、軍用臨時列車だけしかないので、停車司令部で便乗券をもとめて乗った。モバリンから一五時五〇分発の臨時軍用列車に便乗し、マルタバンに向かった。タンガップ行きの軍部の自動車の便に便乗させてもらえるよう話し、二〇時少し過ぎバトンを出発し千回萬曲のこのアラッカンの険しい山路を夜間運行で越えていった。

南方運航会社に行き、真弓、島田漢玉二名の便乗申込みをした。金川光玉を連れて停泊場に行って、便乗券を購入した。南方運航会社に行って、便乗の件の手続きを終え、検疫所で検疫を受けた。藤岡氏と停泊場司令部に行き、便乗の請求をした。帰国便乗者は集合なので、西原君の夫人は一切の準備を完了し、家を出て停泊場の集合所に行った。

私一人で軍の交通車に乗り、一五時少し過ぎにカオファージを出発して一九時半頃ヂュンポン駅前に到着した。停車司令部に行き便乗券をもらい、二二時四〇分発の軍用列車に乗り、ヂュンポンを出発して昭南に向かった。列車は客車ではなく、貨物車の一台に一人で乗った。

なお、彼は軍隊の中にはもちろん宿所などなく、会社や倶楽部の宿舎で生活をし、移動中は友人や知人のところに宿泊した。彼らは、軍の施設の中に泊まることや施設を利用することが原則的にできなかった。だから、「プローム駅午前一〇時二八分発の列車に乗り、ラングーンに夜一〇時五〇分頃、到着した。サイドカーに乗り、青鳥食堂の大原を訪ねたが留守、宿所を見つけるのがむつかしくて心配し、あれこれしているうち、サイドカーの主のビルマ人が自分の家に行ってこうしたらどうかと言ってくれたので、夕食まで食べて寝た」という記述があるのだろう。

軍需工場での激務

朴氏はその後、シンガポール菊水倶楽部の西原氏が北岬工場という軍関係の工場を経営するようになって、一九四四年の六月から一二月の帰国まで、半年間そこで働いている。つまり朴氏は、西原氏のケーンヒル・ロード八八／九〇の二軒の慰安所の帳場と、西原氏が委託経営する日本軍の軍需工場「北岬工場」の事務を兼業することになったのである。その工場は日本軍のエンジン作りの工場であり、特攻隊の船のエンジンを作る機密工場だという。彼は連日、昼間の北岬工場の事務と、夜の菊水倶楽部の帳場を兼務し、次第に体調を崩していった。

六月一八日、西原様はこのたび暁白木部隊の仕事を約束して事務所の家屋を借り受けて掃除した。六月二一日、今般、西原様は某部隊の指定商人となる承諾を受けたため、マレー新聞社の東側にある元東亜商会事務所を借り入れた。この事務所が軍御用達の西原澤龍氏と関係していたため、打ち合わせを兼ねて三、四人の知友と西原様が集まり、両国食堂に行って酒を飲み過ごした。

六月二三日、朝飯を食べて、セシルストリートの事務所に行ってきて、夜二四時頃まで仕事。六月二四日、チャンギ倶楽部営業主の金澤氏を、土方一〇人とともに某部隊伐木所であるシンガポール付近の島嶼に送った。事務所問題は今日、西原様と台湾銀行の間で円満に解決した。七月一日、西原様は早朝、部隊の仕事関係で出かけて行った。七月七日、朝、シンガポール市ケーンヒル・ロード八八号の菊水倶楽部で起き、西原様と大和桟橋で北岬行きの暁部隊の連絡船に乗り、北岬の岡の二九四九部隊の工場に行った。第三工場を西原様が委託経営することを部隊長と約束し、職工を募集して就業させた。来る一〇日から一部分を委託されるという。午後一五時半頃民船に乗って渡り、東亜商事の事務所に二〇時頃までいて、ケーンヒル・ロードに帰って夕食を食べ、夜一時頃まで帳場の事務をして寝た。

七月一〇日、西原様は北岬工場に、早朝、行って夜二四時少し過ぎ帰って来た。二四時少し過ぎ、帳場の事務を終え寝た。七月一一日、工場の職工たちの賃金の支払いのため華南銀行に西原様の小切手を持って行き五千円を引き出した。東亜商会の事務所で西原様が来るのを待って職工たちに賃金を支払い、帰って来て寝た。

七月一三日、華南銀行に行き西原様が頼んだ小切手三千円を引き出して帰った。午後、北岬工場に寄って、東亜商会の事務所で工場の職員たちの日給の帳簿を整理した。西原様と夜一〇

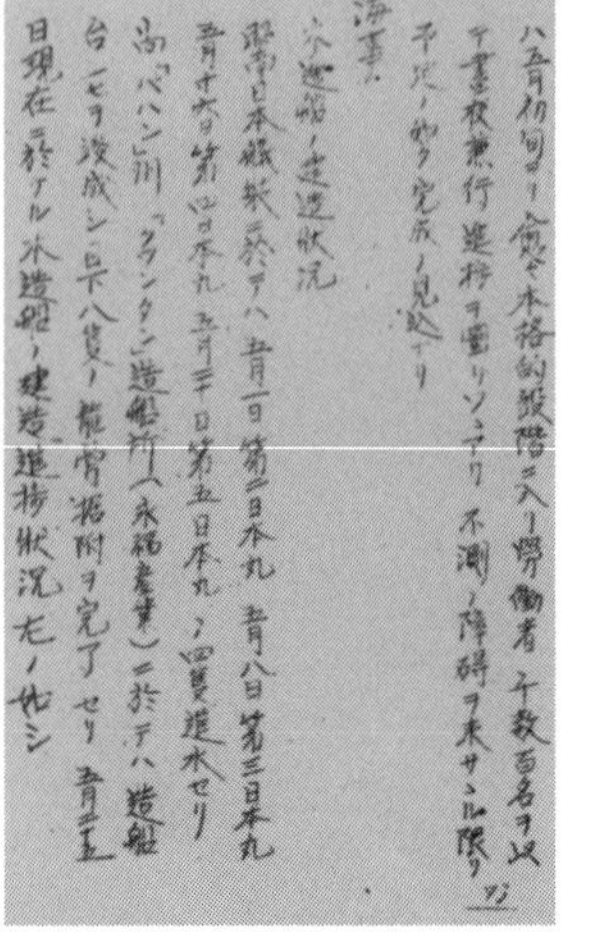
八月初旬ニ入リ愈々本格的段階ニ入リ労働者 千数百名ヲ以
テ昼夜兼行進捗ヲ図リツツアリ 不測ノ障碍ヲ来サザル限リ
予定ノ如ク完成ノ見込ナリ
海事ニ
（ハ）造船ノ建造状況
興南ニ木造船ニ於テハ 五月一日第二日本丸 五月八日第三日本丸
五月十六日第四日本丸 五月二十日第五日本丸ノ四隻進水セリ
尚「パハン」川「クランタン」造船所（永福産業）ニ於テハ 造船
台ノモノ竣成シ一只八隻ノ艤装搭附ヲ完了セリ 五月二十五
日現在ニ於ケル木造船ノ建造進捗状況左ノ如シ

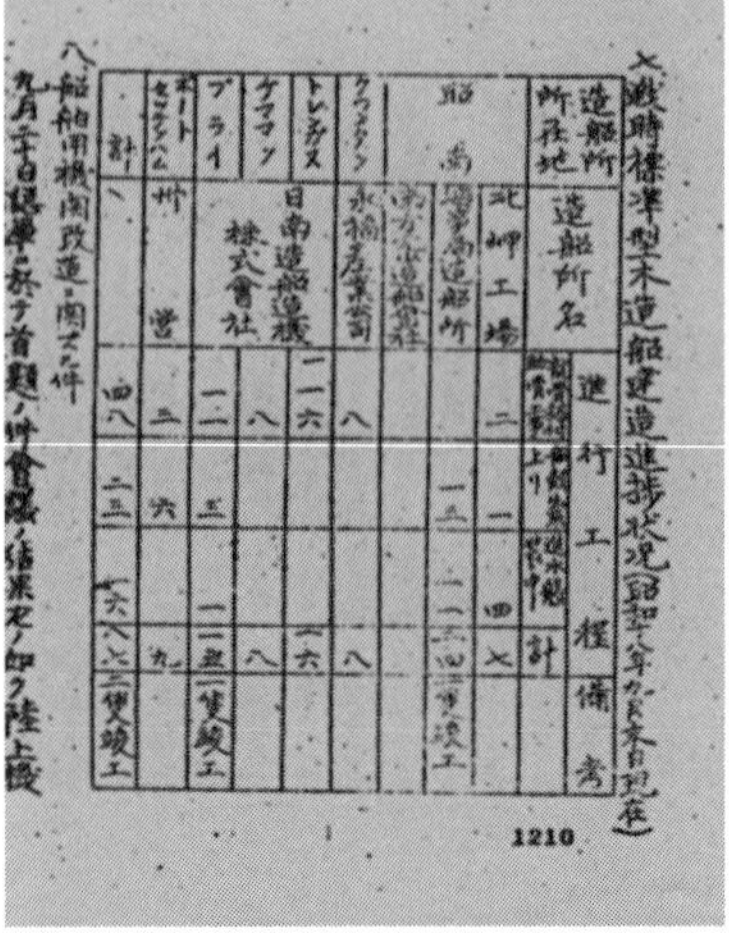
六、戦時標準型木造船建造進捗状況（昭和十八年九月末日現在）

造船所所在地	造船所名	進行工程 船台上リ	進行工程 [illegible]	進行工程 艤装中	計	備考
昭南	北岬工場	二	一	四	七	
	昭南造船所		一三	一二	二五	三隻竣工
	南方水造船会社					
クランタン	永福産業公司	八			八	
トレンガヌ	日南造船造機株式会社	一六			一六	
ケママン		八			八	
プライ		一二	三	一	一五	一隻竣工
ポートセッテンハム	州営	三	六		九	
計		四八	二三	[illegible]	[illegible]	三隻竣工

八、船舶用機関改造ニ関スル件
九月二十日総軍ニ於テ首題ノ件会議ノ結果左ノ如ク陸上機

1210

「戦時標準型木造船建造進捗状況（昭和18年9月末日現在）」

時頃まで職工一五〇名に対する今日までの賃金を支払って帰って来て、夕食を食べた。夜二時頃、帳場の事務を終えて寝た。

七月一五日、西原様と北岬工場に行って、終日そこにいたが、一七時頃、職工の苦力に配給するための白米を部隊酒保で購入し、荷車に積んで、カトンに寄ってから東亜商会事務所に帰ってきた。七月一七日、残業二時間を延長することになり、二〇時に終業した。七月二二日、渡船の甲板の一部が破損し、工場の職工二〇人余りが負傷した。七月二五日、職工たちに米を配給した。

七月二六日、菊水倶楽部の帳場と東亜商会の事務の兼務をした。西原様が依託経営をしている北岬工場には事務員がいないために、毎日の忙しい作業に私を誘う。私は断るわけにもいかないので、早朝から起きて夜遅くになって帰ってくる状態で体が持たない。

八月四日、早朝に、シンガポール市ケーンヒル・ロード八八号の菊水倶楽部で起き、西原様と北岬工場に行こうとしたが、私は職工の給料を計算して今日の夕方支給しなければならないので行けず、急いで計算したが完全にはできず、仕上げ発動機工の残業の計算は後日にすることにした。一九時少し過ぎから東亜商会の事務所で支給を始め、夜二時頃終了した。家に帰り就寝したが夜の三時だった。今日の支給額は全部で三万数千円である。

八月一九日、工場で作業時に事故が発生し、現地の職工一名が即死し、三名の重軽傷者が出たそうだ。八月二三日、北岬工場の職工四〇〇余名に対する賃金計算をした。八月二六日、今までシンガポール野菜組合に勤めていた木下様が、西原様の東亜商会に勤務するために来た。八月二九日、終日、木下様とノールカップ工場の書類を整理した。

九月四日、一〇日間の職工賃金の総額が五万円ばかりだった。九月五日、終日工場書類を作成した。夜四時頃まで事務をして寝た。九月七日、北岬工場に対する部隊経理課に提出する書類が今日完了したので、西原様が提出した。七月一日以後、八月末まで、工場が消費した金は二〇余万だった。

九月一四日、工場職工たちに一〇日間の賃金四万余円を支払って工場職工の賃金の残額を支払った。九月一七日、東亜商会の西原様が派遣したカリモン島の木材伐採監督員、金澤慶成が帰ってきた。同島の伐採は命令によって今般全面中止となり、軍人もシンガポールへ出てきたそうだ。今日は久しぶりに北岬工場全員の定休日だ。

このように朴氏は、日中には工場の仕事をして、夕方からは慰安所で帳場の仕事をしたのである。朴氏は、菊水倶楽部の西原氏が依託経営する、二九四九部隊の指定第三工場である北岬工場で働き、その工場の経理関係の事務を行った。彼は書類を整理し、部隊経理課に提出した。東亜商会の事務所はシンガポールの市内のセシルストリートにあり、彼は、これらを往来しながら勤めたのである。

北岬の工場は、戦争用船舶のモーター工場であった。彼のいうところの「発動機」を作ったのである。日記には「作業時に事故が発生し、現地の職工一名が即死し、三名の重軽傷者が出た」とあるから、危険な作業であったと思われる。

そこは軍事機密の、出入り禁止区域であった。関係者の間では、「北岬工場」のほか、「ノールカップ工場」とも呼ばれたようである。彼は大和桟橋から北岬行きの暁部隊連絡船に乗って工場に行き、民間の船に乗って戻り、東亜商会の事務所で仕事をし、そのあと深夜まで帳場の仕事をした。

故郷への帰国

朴氏と経営者の西原氏は、この仕事から、かなりのお金を儲けたと思われる。朴氏は西原氏に頼まれて故郷の家族へ送金をした。しかし彼は結局、この二重の仕事で体を壊して、病気になってしまう。

九月二四日、中央病院に診察を受けに行ったが、日曜日で休診のためそのまま帰った。朝飯を少し食べ、体が痛いので終日何の仕事もせず休養した。夕食を食べ、夜一時頃まで帳場の事務をして寝た。

九月二五日、中央病院に行き、診察を受け、薬をもらって帰った。血液検査のため血液を採った。

九月二七日、中央病院に行って診察を受け、注射を打ってもらい、帰ってきて朝飯を食べた。

一〇月四日、富士倶楽部の前の主人、佳山様と陸軍病院に行き、内地帰還に必要な診断書を貰うため、軍医に診察してもらった結果、受け取れるのかと思ったが、来る七日にもう一度受診して、貰いに来るようにとのことで、そのまま帰った。

一〇月七日、佳山様と陸軍病院に行き、診断書を受け取って来た。

この年の年末に帰国するまで、彼にはこのような状況が続いた。ハードな仕事で体を壊し、病気となり、さらに戦況も厳しくなっていく。非常事態の気配が感じられる。車両登録局が自家用自動車の徴収を行い、菊水倶楽部の乗用車も車両登録局から引き上げられた。占領地とはいえ、もともとは戦場であり、そうした脅威も感じたようである。彼は、一〇月一四日の日記で、帰国を決心した。

　だが、彼にとって、この病気は幸運であった。彼がそのままその軍需工場で働いて終戦を迎えていたら、おそらく戦犯になって処罰を受けたに違いないからである。いわば病気のおかげで、彼は、稼いだ大金を持って帰国することができたのである。

第五章　慰安所日記から見えてくるもの

慰安婦問題の発端は、一九九一年一二月九日、日本での金学順氏の告白に始まったものである。さらに文玉珠氏などが元慰安婦であったと名乗り出て、こうした問題を訴えるようになった。二人とも妓生（キーセン）の経歴がある人物であり、日本の人権運動家やフェミニズム運動家の支援により、半信半疑でありながら、韓国人のナショナリズムによって、民族的に英雄化されていった。それをさらに韓国メディアがクローズアップすることによって、問題は大きく膨らんでいった。

安秉直氏は、『日本軍慰安所管理人の日記』（韓国語版）の裏表紙にこう書いている。「一九九〇年代初め以来、日本軍慰安婦問題は日韓の間だけではなく、世界的にも大きな問題としてクローズアップされてきた。したがって、この問題に関する日本政府の公文書、新聞・雑誌の記事および軍人・慰安所経営者・慰安婦経験者の証言など多くの資料が調査・公開されたが、本来、日本政府がこの問題に対する資料の制作を極端に抑制し、言論報道を厳格に禁止したために、研究のための資料には当然限界があったのである。このたび偶然に発見された日本軍慰安所管理人の日記は、体系的ではないが、慰安所と慰安婦の日常に関する多方面の情報を提供している」韓国では日本研究、特に植民地研究は、常に多かれ少かれ危険性を持つ。今、さかんになっている植民地テーマの研究をしている人たちの多くは、その危険性を避けて、安易な好事的なものですまそうとしている。そして、勇気のある人が進んだ後の、安全な道を歩こうとする。このような、戦争や植民地研究をしながら、危険性を避けようとする学者が多い。学問にも勇気が必要なのである。

朴裕河氏の著書『和解のために』が販売禁止の裁判判決になり、親日発言の教授が土下座させられる状況が続く中で、はたしてアカデミズムは存在しうるのだろうか。朴裕河氏の主催による、二〇一四年四月二九日にソウルで開かれた「東アジアの平和のための慰安婦に関する集い」に、私も参加した。学術的な集いとは言えないが、学問を背景にしながら平和を訴える、社会運動に近いものであった。そこで一貫して使われた言葉は「客観性」であった。それは、「右も左もない」というような、安易な道ではない。自分自身にも厳しく問う勇気のいることである。朴氏と和田春樹氏の経緯説明が発表されてからの休憩時間に、私は朴氏と初めて挨拶を交わした。とはいえ、お互いにフェイスブックなどで知っていたので、親しさを感じた。

会の第二部では、釜山挺身隊問題対策協議会会長である高齢の女性、金文淑氏が語った。金氏自身は、慰安婦を一〇人ほど連れて日本に行き、「静かに」裁判をさせたことがあるという。彼女は、韓国女性がそんな恥ずかしい話を公に語るのは、実に「恥ずかしい。韓国の女性はそんな話はしない。私が慰安婦だったら死ぬまで話さない」と言っておられた。その時、後ろからはヤジが聞こえた。しかし彼女は強い語調で言った。社会運動家たちが、元慰安婦たちに綺麗な服装と化粧をさせ、身だしなみを整えて、「一日一〇人から二〇人の相手をした」と話させるのだと。

韓国日報の黄氏は、日本は、小さな数字が間違っていれば、全体が間違っていると否定する文化であり、「強制」というところの話が間違ったら、聞く耳を持たず、戦争責任さえ投げてしまうような思考構造の国であるという。さらに、韓国はアジア女性基金について寛容の心が足りなかった、とも言っておられた。

質疑の時間にフロアーから「日本が謝罪したことがあるのか」という質問が出たが、先ほどの金文淑氏は「見舞金自体が謝罪になる」と答えた。また、「謝罪する心がなかったら、なぜ彼らは大金を出すのか」とも答えた。

戦争や植民地への賠償は、一九六五年の日韓国交正常化の条約で終結した。それは、戦後裁判はしないという基本的な法精神であることは明らかである。しかし、人権問題は、戦争とは関係なく問われる。拉致、強制、奴隷などである。これらは人権問題の核心である。そこで登場したのが慰安婦問題である。

この問題は韓国人のセンシティブな性モラルを刺激するので、運動家や政治家たちが意図的にそれをクローズアップさせている。日本や西洋社会では、売春自体はそれほど道徳倫理的な犯罪とは思われず、場合によっては職業として認めるような傾向にあり、それを問題にすること自体が職業差別になりかねないこともある。しかしこの慰安婦問題というのは、セックスという性倫理を特に強調するので、韓国民に訴える影響力は大きい。韓国の運動団体や政治家が慰安婦を利用しているのは、先の金氏の言うとおりに明白なことであろう。それが後に、朴裕河氏が裁判に掛けられるような事態にまで展開したのである。

本書では、事実に対しての分析や解釈はしても、主張はしていない。日記の記述を客観的に見るだけに留めた。そのためにはみずから、偏見なし、先入見なし、味方なし、自他なし、損得なしを、内心に覚悟して書き始めた。特に、味方なし、自他なしとするのは、非常に難しい。だが、事実だけを正しく見ることにした。

とはいえ、無作為に事実だけを並べては、むしろ分かりにくくなってしまうので、なるべく事実を事実として理解してもらえるような工夫をしたつもりである。

私は、この慰安所帳場人の二年分の日記を、二年間かけて読んだ。日記を書いた彼とは二年間、長く付き合った気がする。彼の人生全体から見れば短い期間かもしれないが、一般的にいうならば、二年間の付き合いというのは、決して短い付き合いとは言えないだろう。

この日記を読むことは、彼との付き合いであった。当然、人との付き合いには好意、愛情が伴う。このことが読書会でたびたび話題になった時、メンバーたちも、ほぼ私と同感だと言っていた。以下に、自分自身の感想を含めて、この日記を考察してみたい。

「強制連行」は本当にあったのか

そもそも慰安婦問題というのは、政治的に現われたものであり、この日記が出版されて注目されるのも、日韓関係でそれが懸案となっているからであり、その問題が解決すれば、この日記は価値を失ってしまうだろうという見方もある。しかし私はそうは思わない。なぜならば、日韓における懸案の問題を超えて、戦争と性、政治、法などを考える上で、これは貴重な資料だと思うからである。

韓国側は、日本軍が直接関与して、いわば強制連行したという証拠にできると思ったのかもしれない。しかし、繰り返すように、この日記では、そうした慰安婦の連行などに関する記述は一切ない。だが、それはその期間の日記が残っていないからだと言う人もおり、それを他の資料で補充しようとする人もいる。

だからこそ私は、この日記を忠実に読もうとした。それでもなお、この日記には、そうした「強制連行」に繋がるような言葉すらない。それは単に、日記を書いた人や慰安婦たちは募集の動機や過程には関心がなかったのだろうか、あるいは諦めたのだろうか。

私には、それは、慰安所の関係者や慰安婦たちにとって、関心事ではなかったのではないかと思われる。要するに、この日記をもって、日本軍が強く関与したと主張するのは、逆に言えば、この日記を客観的に読んでいないからだ、とも言えるのである。

ただ、この日記に限って読んだとしても、「軍がまったく関与しなかった」と言えないのは確かだ。軍と慰安所は密接な関係であっただけではなく、部隊の移動に伴って慰安所の移動を命令したことや、兵站が慰安所を管理したという記述には、軍による強制性というものを、ある程度、認めざるを得ないからである。特に、「遭難」という扱いで四人の死者と一人の負傷者を出したことについて、軍が死者の処理や治療などをしているのは、その一例であろう。

一方で、慰安所が民間人たちによって営業的に経営されていたこと、後述するように、こうした売春によって、巨額のお金が動いていたという事実もある。

この日記には、「慰安」と「売春」の二つの大脈が流れている。本日記を読みながら、私はずっと、この二大の脈が流れていることを強く感じていた。「慰安」と「売春」。まず、慰安の主体は軍人である。祖国のために命をかけて戦争をする軍人を慰安することである。彼らの忠誠の美徳により、戦争が持続していた。軍紀粛正のために慰安所が設置されたともいわれている。一方、女性が主体であるのが売春である。セックスを商品として売る商売である。

慰安所は軍人を「客」とし、軍との関係は指定関係の営業であったようだ。しかし完全に民間人によるものとも言えない。実際の経営は業者がやったが、値段などを軍部が管理したという証言もある（荒井信一、西野瑠美子、前田朗・共編『従軍慰安婦と歴史認識』新興出版社、一九九七年）。

それは戦時中のことであるから、軍と官と民が一体になっているのは当然である。ただ、この日記で見る限り、慰安所に関与する人たちを、軍の組織の中の、軍人や軍属として位置づけることはできない。軍の命令、管理のようなものはあっても、慰安所は基本的には軍の外側で営業したとしか言えないからだ。ただそれでも、慰安所が日本軍の戦争の枠の中に存在したことは否定できない。

今、戦争への反省から、さかんに責任と謝罪が言われているが、日本軍に関しても、それは日本国に関して問われることであり、軍人による強制連行だけが強調されては事実に反する。戦争それ自体への反省が重要である、と私は思う。

朝鮮戦争体験者の私から考えると、戦争は、自然や社会はもちろん、人権や命を破壊するものであることは確かだが、これは、平和な時の軍隊を運用することとは、おのずと異なるものである。今の平和な時のパラダイムで戦争を語ることは難しい。

贅沢な戦争

また、この朴氏の日記を読みながら私は、日本軍の「贅沢さ」も強く感じた。ジャングルの中での激しい戦争の中でも、彼らはそこに慰安所を設置している。今それが、今の視点で問われているのである。

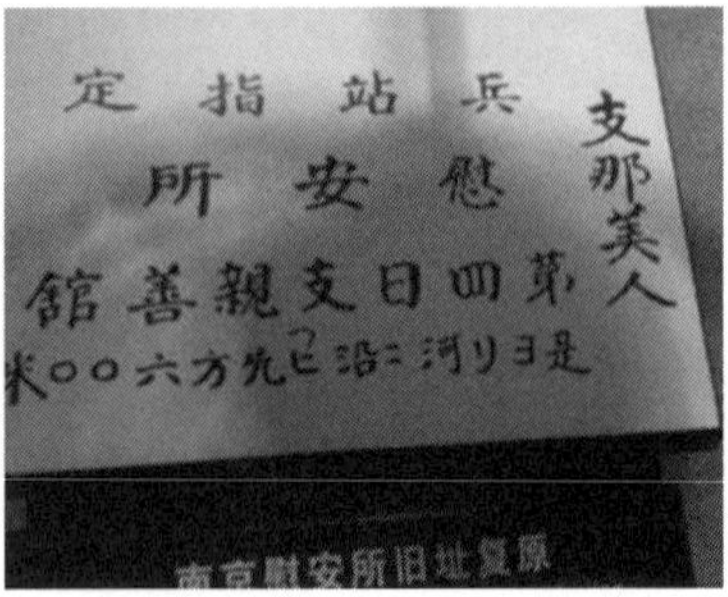

中国「南京大虐殺記念館」の慰安所関連展示
（筆者が 2017 年 7 月に訪問した際に撮影）

そこには、死を前にして性の快楽を味わってみたいという悲しさとは異なる、贅沢なセックスもあったと思われる。性欲は抑制できないものではないが、ある意味では人間や動物の生存に関わる、非常に日常的なものである。性欲を抑制する禁欲がなかったわけではないが、そうした性倫理を越えてセックスは存在したのである。

「精兵寡兵主義」の日本軍は、戦争に命とお金を掛けていたと感じる。慰安所が軍の経営か民の経営かはとにかく、戦場に持ち込んだことは、それを意味する。女性を戦場まで連れて歩きながら戦争をしたということは、ある意味では贅沢な戦争だと感じられることだろう。

ただそれは、日本軍に限らず、世界的に多くの軍隊が行ったことでもある。レイプをただ黙認したソ連軍などが本当に残酷なのであるが、日本軍は、それを「管理」したことが、逆に今の視点で問題となっている。

もちろん、多くの軍人が戦争で大変な苦労をしたことは確かであり、ここで私が「豊かな日本軍」などというのは恐縮ではあるが、「比較として」ということで了承していただきたい。

私は、韓国の貧しい農村に生まれ、朝鮮戦争の中、連合軍・米軍の物資豊富な戦争を、身をもって感じた。米軍人が大金を持って売春宿に通い、歌いながら踊るのを見て、戦争の中の贅沢さを肌で感じた。彼らは糧食のレーションを半分くらい食べて捨てるような、贅沢すぎる軍隊であった。それに比して中共軍や韓国軍は（おそらくソ連軍なども）乞食のように感じた、というのが正直な感想なのである。私が見た豊かな軍人とは国連軍であって、この日記を読みながら、日本軍の豊かさと売春を見るとき、どうしても、そうした「豊かな軍隊と売春の関連性」を感じるのである。

そして、慰安所や軍需工場で働いて稼ぎ、そこで成功した人々が出たことも、それを意味すると感じている。朝鮮戦争の時、売春婦街が形成されたのは米軍キャンプのまわりであった。それはただ、米軍が売春の良い客だというよりも、経済的に豊かな軍人であったからだと言える。そして、韓国軍や中国支援軍の周りには売春婦が少なく、それほど大きく形成されていなかったことも同様である。

日本の聖戦と植民地教育

日本は愛国心などを利用して「聖戦」を行い、敗戦した国である。日本国民は「愛」の危険性を体験したのである。ここで、そうした「聖戦」に触れてみたい。なお、私は聖戦のために戦死した人を侮辱するつもりはない。価値観の大きな変化であると理解してくれるように願う次第である。

慰安所の組合も、聖戦におけるその組織をもって戦地に臨んでいたのであろう。日本という国にとっても、えりぬきの優れた精兵の管理が必要であった。日記を書いた朴氏も、慰安所の帳場人として売春業をやってはいても、国家の聖戦の戦士たちを慰安する慰安業だという、プライドさえ持っていたのではないだろうか。つまり彼は、慰安と売春の挟間でアイデンティティを保っていたのだろう。

先に引用した昭和一八年一月一日の日記に書かれた「大東亜聖戦の第二回の昭和一八年の新春を迎え、一億民草は俯伏し、慎んで聖壽の無疆あらせられんことと、皇室の彌栄あらせられんことを奉祝いたすところである」という文を、今の読者はどのように読み、解釈するのだろうか。

朴氏自身は、現在の反日思想には真っ向から反する、典型的な帝国臣民であろう。しかし、彼のこの日記をもって「慰安婦問題を決着する！」と反日的に解釈する人は多く、この日記がそのように利用されることは、まさに矛盾しており、滑稽なことでもある。つまり、親日をもって反日としているからである。

実際、この日記を客観的に読まず、部分的に読んで、自説に有利に解釈されたことがある。

私から見ると、親日の資料を反日に利用しただけだと言える。あるいは、親日反日を混同して読んでいるのではないかと思う。

さらに、もう一つの疑問、「聖壽の無疆」「皇室の彌栄」という言葉は、彼の本心なのであろうか、という疑問が常に浮かび上がる。これは、日記の形式上書いた便宜上の言葉であり、彼の本質とは異なるのだろうか。つまり儀礼的なものに過ぎないなのだろうか。単なる表面上の言葉に過ぎないのだろうか。

このことに関して、二年間の日記を数えきれないほど読み返しながら、彼と付き合って（？）みた私には、彼は十分「聖壽」「皇室」に対して本心を持っていたと言える。しかし、これにも反論する人はいるだろう。皇民化政策によってなされた「洗脳」に過ぎない、というのが、それである。その延長線で考えると、今の嫌韓・反韓や、反日・親日も、洗脳されたものに過ぎないということになってしまい、そうなると、人の信念というものも存立し難くなる。極端に言うならば、教育などの文化活動も、しょせん洗脳やプロパガンダに過ぎないという、アナーキーな思想になってしまいがちである。

こうして考えていくと、この日記を読むことは、私の人生観を見直すことになった感がする。

日記を書いた朴氏は、確かに日本帝国の臣民であった。おそらく、「忠孝なる臣民」そのものであったのだろう。「大東亜聖戦」に際し東方宮城に向かって遥拝し、皇軍の武運長久と国家隆昌、聖壽の無疆あらんことと皇室の彌栄あらんことを奉祝するところ。皇軍の必勝、大東亜の一〇億の民、また共同の目標達成に忠実たらんとするところ。彼は、「速やかに姦凶を討滅し、その非望を粉砕し、アジアの解放、世界の新秩序を建設して皇威を四海に輝かせなければならない」「敵の死命を制する決戦の年である」と書く。

彼らが帝国を背景にしてアジア各地に進出していることそのものが、この日記を書いた人物の当時の国家観を表わすのではないだろうか。それらの地域では、国旗掲揚、君が代の合唱、宮城遥拝、詔勅・勅語の朗読などが行われた。彼も、普通学校の出身者として、皇民化教育を受けた人であった。

彼のような人々を、戦後の反日や親日と重ねて見るべきではない。私はまず、そのまま一個人としての姿を見ていきたい。彼は、当時の植民地教育を受けた人であり、特別に親日派でも反日派でもない。

帝国臣民という意識

朴氏に日本帝国の臣民という意識があったことは、すでに何度か触れているが、では、彼の「民族的」アイデンティティは、どうであったのだろうか。つまり、日本帝国の臣民でありながら、彼自身は、朝鮮人と日本人を、どう区別する意識を持っていたのだろうか。

当地では、「内地人」（朝鮮人を含む）と、「地方人」という区別があった。つまり「内地人の経営」と「現地人（ビルマ人）の経営」という区別である。そのため、彼の日記にも「内地人の慰安所」以外に、現地人が経営する「地方人の慰安所」（6／19）という表現が出てくる。

一月二七日、ラングーン会館の主人の経営する青鳥食堂に行ったが、すぐラングーン会館に帰った。ラングーン会館で夕食を食べていたら、同館の岩下氏が遊びにいこうというので、一緒に市内のビルマ人の遊廓にいって、岩下氏が勧めたにもかかわらず遊ばずそのまま帰って来て寝た（註・朴氏が日記の中で「遊廓」と書いているのは、ここだけである。他は全部「慰安所」と書いている）。

六月一九日、このたび、タボーイからラングーンに来て地方人の慰安所を経営している三田氏がインセンの私がいる所に来て、すごして帰った。

右の「ビルマ人の遊郭」「地方人の慰安所」という時の慰安所は、すなわち遊郭であることを意味するようである。朝鮮人と日本人の慰安婦が来るまでは、ビルマ人の慰安婦ばかりであったという証言もある。文脈から推測するに、これは三田氏が地方人を客としていた遊郭であろう。ここでは慰安所と遊郭に明確な区別はなかったようである。

当地では、一般的には、広く日本人と朝鮮人を含めて「邦人」と呼ばれていた。邦人指定、邦人専用、邦人登録など、広く使われた。朴氏の日記には、以下のような記述が見られる。隣組の班長が証明した購買券をもって「邦人指定販売所」で魚、野菜、うどん、パン、塩魚などを買い入れた。倶楽部の「邦人全員」を連れて特別市前広場の総決起大会に参席した。「邦人」急電鉄会社で「邦人専用」タクシーを運行した。「邦人」の英霊に対し慰霊祭を行った。東は二人ずつ夜一時から明朝八時まで防空に対する不寝番をした。奉公会に「邦人登録」申請を提出した。といった感じである。

このように、朝鮮人も、公的には邦人、つまり日本人であった。だから朝鮮人は、現地の「日本人会」に加入した。朴氏もビルマの日本人会に入会している。彼らはこうした日本人会に行き、旅行許可の手続きを受け取ったり、帰国用紙をもらったりした。

そうした中でも特に朴氏は、「日本人」という意識が強かったようだ。彼のいう「我が国」は日本を指し、元日から晴れ渡った空には瑞気がただよい、「我が国」の隆盛を現わしていると書き、英米に宣戦を布告した「我が国」の隆盛を祈る。

公的には彼も日本人であり、「邦人」であったが、日記における彼自身は、それとは微妙に区別をしている。例えば、清川という人の家に行って三、四人の「邦人」に挨拶をしたという記述からは、邦人は日本人であり、自分とは区別する、という意識があったのではないかと思われる。また、「タクシー部の従業員は邦人一四名を合わせて一〇九名である」(1/18)という邦人には、自分が含まれておらず、日本人を指すと思われる。彼はこのとき、朝鮮人という意識を持っていたのであろう。

では、ビルマとシンガポールに滞在中の、彼の身分はどうであったのだろうか。年齢は四〇歳であり、兵役の対象ではなく、管理などに従事する慰安所の帳場人として一貫した。軍人や軍属ではなかった。慰安所以外には、シンガポールの偕行社タクシー部に勤めたことがあり、この偕行社とは陸軍将校のクラブであり、軍関係の施設ではあるが、このときも決して、軍人や軍属ではなかった。彼はそのタクシー部に勤務し、のちに解雇されている。

彼は軍人ではないので、「西村、中岡、喜多川の三名と高橋、入柿、横井少尉の間に何か問題が起こって、互いに面白くない点があった」際にも、それを共有することができなかった。彼は言う。「西村、中岡、喜多川　三名の軍属が野心でタクシー部を害しようとしている様子である。その内容は詳細に知ることはできないが、何か不正事実があったようである」と。このとき彼は、場外の者であった。そのほかにも、以下のような記述がある。

軍属達と一緒に食べてきたが、明日からは食べることができなくなった（1／12）。大石、豊川、三田、大山らと菊水料理に夕食を食べにいったが、軍人、軍属の外には出入り禁止だというので支那街に出て夕食を兼ねて料理を食べた（4／22）。偕行社タクシー部でも、事務を担当してもまだすることがなく、軍属たちがいる中で、かえって申し訳なく、しきりに不安な考えばかり浮かんでくる（11／17）。

こうした記述からも、彼が軍人や軍属ではなかったことは明確である。だからこそ、「九中隊の前方の海上はるかに、敵砲艦四、五隻が姿を見せ、夜一時頃に日本軍の各部隊は非常警備のために、全員武装出動した」（1／10）とか「夜一時半時頃に寝た。昨晩には敵機の音は聞こえなかった」（1／13）と、戦況から危険を感じるようなことがあっても、軍人としての行動は取らなかったわけである。

朝鮮語と日本語

何度か触れたように、この日記は朝鮮語で書かれていて、そこに漢字と、日本語の片仮名と平仮名が混じっている。その綴りや文法などには、ほぼ間違いがなく、しっかりしていて、当時の学校教育でそれなりの朝鮮語の教育を受けた人物だと思われる。当時、朝鮮の学校では日本語を国語としながら朝鮮語も教えており、彼の日本語の場合は、こうした学校教育と自習によるものかとも思われる。

では、日常の会話はどうであったろう。前出の元慰安婦、文玉珠氏は「私たちが朝鮮語で話しているのを聞いて」とか「わたしは朝鮮語とビルマ語と日本語を使って話した」と言っている。朴氏のいた慰安所も、日本の軍人が主な相手客であるから、その会話が日本語であったのは当然として、朝鮮人どうしでは、おそらく朝鮮語を使ったはずである。

朝鮮人の名前も、一九四〇年の創氏改名以来、多くは日本式になっているので、この日記から朝鮮人と日本人を区別するのは難しい。このため、文脈から判断するしかない。しかし、実際の生活における会話では、言葉づかいやイントネーションでわかったはずである。

日記には人名や地名などが多く出てくるが、それらは片仮名と平仮名で書かれている。人名は圧倒的に日本式の名前が多い。そこは、本国の朝鮮とは、やや異なるようである。それは、主に日本人の軍人を相手にしたからということもあるかもしれないが、慰安業とはいえ、実態は売春業という意識もあり、それで匿名にするという意味も大きかったのではないかと思われる。

したがって、日記に登場する人物は、ほぼ創氏改名を使っている。例えば男性のフルネームの例は、新井久治、新井世桓、新井清次、大山昇、大山虎一、佳山亭洛、金岡秀雄、金川栄周、金川長平、金川光玉、金和柱道、光山寛治、西原武市、西原菊次、村山浩二、宮本敬太郎、山本龍宅、三田幸稔などである。女性のフルネームは、島田漢玉、張澄子（善岳）、金美花、宋明玉、金愛順、崔順玉、金今先、金永愛、尹娥重（富子）などがある。

他にも、名字だけで登場する人物も、岩下、内園、大山、大石、岡田、金井、新井、豊川、村山、高島、西原、延安、福本、小山、松本、宮崎、金田、徳山、野澤、山本、山添、中宗など、日本式の名字が多い。

一方、女性の下の名前は改名か、いわゆる「源氏名」ではないかと思われ、本名とは別に、日本式の名前になっていることが多い。特に慰安婦名は、真弓、文子、小夜子、蘭子、恵美子、照子、桃子、澄子、お染、順子、美花、弘子など、日本式の名前である。
純粋な日本人名は軍人が主で、中村正之助上等兵、水田係宮崎、軍人廣澤、清川、高橋栄、横井少尉、矢野少佐といった名前が登場する。

彼ら朝鮮人たちが日本人の名前を「日本式」で呼んだか「朝鮮式」で呼んだかは、文脈から一部が分かる。実際に名前を呼んだときの呼称がどうであったのか、それをハングルの書き方から知ることができるのである。

例えば、「慰安婦真弓를 다리고」は「真弓を連れて」という意味であるが、このときの「を」に、ハングルの「를」の助詞を使っている。つまりこの表記から、マユミを「마유미」と呼んだので、語尾に「를」という助詞が来ているのだ、ということがわかるのである。もし朝鮮語の漢字読みをしたのであれば、真弓「진궁」の語尾から、助詞の「을」を付けなければならない。同様に、「豊川를」(도요가와를)と「大石와」(오오이시와)では、豊川を「トヨカワ」、大石を「オオイシ」と呼んだのは間違いない。つまり以上の例は、「日本式の呼び方をした」ということである。しかし、それとは異なる例もある。例えば「市丸」は、朝鮮語の音で「シファン」と読んだようである。

現代の韓国人も、大阪のことを「オオサカ」と「デーパン」と二つの呼び方をするが、これを参考にすればよい。そのような感じで、「真弓」を日本語読み、「市丸」を朝鮮語の発音で読

んだに違いない。ここでは、「와」の助詞であるはずが「과」になっていることから、それがわかるのである。したがって、創氏改名をされていても、実際には日本式と朝鮮式の読み方が混在していたようだ。

以下、こうした例として、「①原文の表記」と「②それを日本語訳にしたもの」の二つを併記してみる。

①三月三一日（旧三月八日）金曜日　晴天

朝　起　昭南市ケーンヒル・ロード八八号　菊水倶楽部하여　ボーイ를 다리고 市場에 가서 장을 보아 왓다。終日 帳場 일을 보앗다。慰安婦 真弓를 다리고 特別市保安課旅行証明係 去하여 内地帰還 旅行証明願을 提出식힛다。船員 朴東石氏와 南昭荘食堂에 去하여 同氏의待接을 밧앗다。夜一時半頃就寝하엿다。

②三月三一日（旧三月八日）金曜日　晴天

朝、シンガポール市ケーンヒル・ロード八八号の菊水倶楽部で起き、ボーイを連れて市場に行って買い物をして帰った。終日帳場の仕事をした。慰安婦の真弓を連れて特別市保安課旅行証明係に行き、内地帰還の旅行証明願を提出するようにした。船員の朴東石氏と南昭荘食堂に行き、接待をうけた。夜一時半頃就寝した。

①四月三日（旧二月二九日）土曜日　晴天

朝、ゴルテンバレイー宿舍하여　日本サービス에　臨時宿泊하고 잇는 昨年朝鮮서 갓치온 一団의 大石氏와 豊川를 만나 大山氏와 支那人街에 去하여 一丸荘食堂에서 朝飯을 食하다。アキャブ世桓君의게 片紙 回答과 付託한 品物을 買付키 爲하여 蘭貢会館에서 アキャブ서 온 軍人이 온다기에 기다리고 잇엇는듸 終是 아니오기 軍人廣澤氏 宿舍로 가서 붓치고 帰 蘭貢会館하여 夕食하고 帰來하여 유하엿다。製油工場을 大山、豊川、大石와 我四人 共同経営케 今日 約束하고 進行中이다。

②四月三日（旧二月二九日）土曜日　晴天

朝、ゴルテンバレイの宿舎で起き、日本サービスに臨時宿泊している、昨年朝鮮から一緒に来た一団の中の大石氏と豊川に会い、大山氏と支那人街に行き、一丸荘食堂で朝飯を食べた。アキャブの世桓君への手紙の返事と頼まれた品物を買って届けるため、アキャブから来た軍人がもどってくるのをラングーン会館で待っていたが、ついにもどってこず、軍人の廣澤氏の宿舎に行ってそれらを届け、ラングーン会館に帰って夕食を食べ、宿舎に帰って過ごした。製油工場を大山、豊川、大石と私の四人の共同経営にするように今日約束し直し進行中である。

右の例にもあるように、日記は、ハングル、漢字および日本のカナで表記されているが、やはりハングル表記が中心である。さらに、朝鮮語と漢字の混用文の中に、地名など片仮名の表記が使われているので、朝鮮語と日本語の両方を知っていることが、本日記を読むための要件となる。それは単に言葉や文字だけのことではなく、書かれた内容にも日本的な表現が多く、そのあたりについても注意すべきである。そうした文章の中に、慰安所、商店、旅館、会社および機関などの名称が表記されているのである。

当時は朝鮮が日本に植民地化されて三〇年、ほぼ一世代の長い年月が流れていた。それは私、崔吉城が日本に住んだ期間と同様である。しかし、母語ではない日本語を国語として学んでも、やはり完全な国語にはならなかった。彼らの語る言葉は、私の話す日本語のようで、親しさすら感じ、つい私みずから、翻訳の適格者だと独り言を言ってしまったくらいだ(笑)。

では次に、記された日本語の長音、促音、濁音などを検討してみたい。

まず、日本語の片仮名と平仮名による地名などの、長音や促音の表記が一定していないものが多い。それは、当時まだ日本語として外来語表記が定着していなかったからかもしれないが、今の私のように、韓国人(朝鮮人)が覚えにくい表記ということでもあり、以下にそれを例示してみる。

「長音の区別」をみると、長音に鈍感な朝鮮語を母語とする人の、日本語の不慣れかもしれないと思われる表記がある。

例えば、「イエ、イェウ」は長音を母音で表記している。「インセン、インセンー」「ペグ、ペグー」「ダルジエステー、ダルジエステイ」「オチャーロド、オチャーロード、オーチャロード」は音引き《おんび》（ハイフォーン）の「ー」の違い。「ラングーン、ラングウン、ラングン」「プロームム、プロム、プロムー」「マレー、マライ」は母音入れと音引きの混合となった。「プロームロート、プロームロード」「メルグイ、メルギー」「カラウ、カロウー、カロウ」「タンカップ、タンガップ」「グッ修繕、クッ」では音引きと、子音の清音と濁音が異なっている。「マウルメン、マールメン、モウルメン、モールメン」「ゴウテンバリ、ゴーテンバリ、ゴーテンバリー、コーテンバリ、ゴーテンビリー、ゴウレンビリー」「ビチロード、ピーチロード」は長音と母音、濁音が混同されている。

「ダヴォーイ、タボーイ」ではVとBの区別があり、「バレンバン、パレンバン、パレパン」「アキャブ、アッツ、アラッカン、アンダソンロード、アンポン」は、「ん」の促音の有無の区別の混同である。

また、以下のような地名、人名、事物、生活に関する用語などは、日本語のカナで表記されている。

地名・場所名：アキャブ、アッツ、アラッカン、アンダソンロード、アンポンイサベル、インパル、カオファージ、カトンアンバロード、カムラン、カリモン島、カトン、ギルバード、クアラルンプール、ケーンヒル・ロード、ゴカマエ、ゴットウィンロウ、シシルストリト、シッタン、ジャワ、ジャク、ジャングル、シュエンダゴンダゴンパコタ、スマトラ、スラバヤ、セレタ、スマトラ、ソヴェト、タウンギ、タイビン、「タラウ、タラワ」、ヂスポン、チモール島、チャンギ倶楽部、カマヨ電気、チンロン、テニアン島、トラック、パータ店、バトン、ハマノヤ料理店、バラオ、ビルマ、ビクトリヤ、ビクトリアポイント、ひかり食堂、ブーゲンビル島、フィリッピン、フロリダ、ペナン、日ソ、マヤゴン、マキン、マルタバン、マンダレー、みなみ料理店、みなみ食堂、ミヅホ食堂、メニゴン、メクテラ、モスクワ、モバリン、ラシオ、「ラングーン、ラングウン、ラングン」、レンネル、レイテ湾

人名：エート・アー・ロゾフスキー、エマヌエーレ、カスツルバガンジ、キリシナ、スバス・チャンドラ・ボース、ソーリン、バ・モー長官、ボーイ、ピリラヤム、ルウズベルトモソイン、レバタン、モンタン家

生活：ペスト病、ガガマンガンサンカリー、シャツ、オートバイ、タオル、ワニ財布、オーバ、ボストンバック、ジョホール、ウドン、パン、ヒマ、コーヒ、ステッキ、おばあさん（映画）、愛染かつら（映画）、タビオカ、ハンカチ、クツシタ、ブランデー、ウィスキー、ニュース、カバン、カベン、やき米粉

外来語：ガソリン、バス、トランク、セメント、タンク、サービス、サック、ラジオ、スタンプ、難コース、コーヒ、パーマネット、タクシー、ペスト病、ガガマンガンサンカリー、シャツ、オートバイ、タオル、カバン、オーバ、ボストンバック、パン、コーヒ、ステッキ、ハンカチ、ブランデー、ウィスキー、ニュース

以上のうち、店名の「ひかり・みなみ」、「やき」米粉、映画の「おばあさん」、愛染「かつら」という表記で平仮名が使われているほかは、全て片仮名である。

植民地になって三〇年以上が経った時点でも、日本語の難点の一つ、清音と濁音の区別が混同している。長音の表記も、区別が間違っていたりして、植民地として三〇年以上、一世代の期間、日本語を国語として学んだとしても、やはり日本語は、彼らにとって外国語であった。

こうした仮名使いを見ても、書き手が母語の日本人ではないことは十分にわかるが、この日記を書いた朴氏も、小学校で学んだとは言え、長音や濁音などの区別は難しかったようである。

そうした濃音の困難さの一例としては、「グッ（修繕）、クツ」がある。ただ、このクツ（靴）の場合は、日本語からの外来語として、当時はまだ朝鮮語に定着していなかったということもあるだろう。

韓国人と性倫理

売春をめぐる女性、性、セックスに関する議論をするにあたり、日本に比べて韓国では、より貞操を強調する社会であることを念頭におくべきである。それが性を実際どこまでコントロールしているかは別の問題であるが、性欲の問題から出発するなら、まず男性の貞操から始めなければならない。

韓国は伝統的に、女性だけに貞操を強調する家父長社会であった。韓国は、そうした家父長制的な倫理から、反省も足りず貞操観をもってナショナル・アイデンティティを強調し、日本に迫って非難する。それについては拙著『韓国の米軍慰安婦はなぜ生まれたのか』に書いた。私自身が見て、聞いた、米軍への売春婦、性暴力に関しては、すでに論文でも報告している。朴正煕大統領時代には、売春婦たちが「愛国者」と言われたこともある。

朝鮮時代には、相手が王様や高官であり、妓生（キーセン）は聖なる存在感もあった。性の倫理から考えると堕落した売春婦であるが、尊い方への捧げものという矛盾をはらみ、二律背反的な存在であった。こうした中で、韓国においても、あるとき急に女性が現れ、「自分は慰安婦であった」と言うことで賠償問題になったわけである。

売春婦が非常に悪いイメージになったのは、性や貞操を国家の政策にしてからではないだろうか。売春婦は、着る服やファッションなどが、一般の人々とは異なる。特に華美な服装や化粧が、一般の主婦からは、悪趣味で下品なものと思われることが多い。例えば私の生まれ故郷の韓国の農村では、化粧や洒落た服装は芸者のものであり、避けるべきものだと言われた。口紅を塗ると、ネズミを殺して食べた猫に似ていると口癖のように言っていた。その基準で見ると、今では女性全員が、売春婦のように見えてしまうだろう。そこにはもはや「犠牲者」の意味は存在しない。

日本は伝統的に遊郭制度を持っていて、幕末から明治の近代化以降、早くから海外へセックス産業を持ち出した国でもある。特に、日本と中国の貧困層の女性たちが、シンガポールや東南アジアへセックス産業として駆り出され、その進出は刮目するほどであった。日本の九州地方からは、イギリス植民地の都市シンガポールなどへ、「からゆきさん」として女性たちが渡っていった。

「強制連行」という神話

「強制連行」——。朴慶植氏の著書『朝鮮人強制連行の記録』(未来社、一九六五年)に語源を持つこの言葉は、意味の精査も行われないまま、今や法律用語としても定着語となっている。だが、「強制連行」という言葉は慰安婦に誤用されている。本日記を取り上げる人たちによって、日記では触れられていない募集過程の「連行」が指摘されるのも、その例である。「連行」とは、犯罪人あるいは容疑者などを強制的に連れていくことを意味する。その意味では、本日記でも、また元慰安婦たちの証言でも、そういった事実を確認することはできない。私はそれは別の問題であると考え、本書ではあまり触れていない。

あらためて指摘するならば、本日記で見る限り、慰安婦ないし売春婦は、強制連行されてきたとは言えない。

慰安所勤務と戦犯容疑

日記を書いた朴氏は、ビルマのアキャブでの二か月間を除けば、戦地での生活ではなかった。高見順氏は「ラングーンなどもほとんど焦土に化しているとうわさされていたが、そうでもない」と書いた。つまり、ラングーンとシンガポールでは、それほど戦場の危機感を感じずに生活ができたようである。その生活は、車でボーイを連れて買物をし、高級な洋服や万年筆や時計などを使用した生活であり、上流層の身分を植民者として営んだのである。

朴氏はビルマの戦地を含め、戦っている日本軍人を相手にして慰安業をし、さらには軍需工場で事務を兼任するなどの激務をこなした。それは誰かに強制されたことではなく、みずから選んだことであった。慰安所とは当時、戦線で戦士たちを慰安する場所であり、また同時に売春宿としての営業の場でもあった。

彼がそこで真面目に、勤勉に働いたことは、日記からしみじみ伝わってきた。彼は苦境に処しても、基本的には誠意をもって最善を尽くした。世界への関心が広く、知識人として時代と状況などを十分に把握しており、慎重に行動をした。

慰安所と軍需工場に勤めながら、結局は病気になり、大金を本国に送ってから引き揚げ、帰国して、終戦を迎えた。悲惨な終戦を戦地で迎えず、その前に帰国した幸運な人であった。

先述したように、彼が終戦をシンガポールで迎えたとしたら、おそらく捕虜や戦犯になったのではないだろうか。まず、軍需工場の事務について戦争責任が問われるかもしれない。また、私有財産が収容法などによって軍に利用されたということもある。それは、小さなものから大規模なものまで、多様であっただろう。

本日記に登場する慰安所も、ある意味では、戦争産業として機能したのである。だがそれは、国内の自国民がオール参加の戦争であり、戦争とは、そうして総合的に戦うものである。それは国内に限らない。日本は、朝鮮戦争において、まさに戦争産業から復興したと言われているのである。

朴氏は、戦争中でも人への思いやりのある人柄であったように、日記からは読める。「遭難」で負傷した張善岳（澄子）が治療中に着る簡単服を新井、山本両氏の婦人に頼んで作ってもらったり、マレー人の運転手が運転中に日本軽金属工業社員の武田政雄氏が負傷したとき、彼は中央病院に入院している彼の見舞いに行ったりもしている。

また、偕行社タクシー部の高橋氏と中央病院に行き、大山氏の幼児の死亡診断書を受け取り、特別市庁で火葬認許証を受け取ったり、その後、偕行社タクシー部の高橋兄弟と、小坂氏と亡き幼児の遺体を自動車に載せ、日本人墓地へ行き、火葬を頼んで帰って来たりもする。

日中戦争における「慰安室」

さて、ここで、もう一つ別の証言から、「慰安所」の実態を見ていこう。

私は数年前、下関市豊北町に住む九九歳、小山正夫氏の日中戦争参戦時のアルバムの写真を見せていただいたことがある。彼は一九三七年、二二歳で召集を受けて日中戦争に参戦したが、その時にみずから撮った写真を今も持っておられる。当時、叔父さんから送って貰ったカメラで撮った写真であるという。

このように、戦時中でも写真を撮ることができたし、現地のカメラ屋で現像して持ち帰ることもできた。しかし戦後、進駐軍による武装解除とともに、こうした写真も多くが剥ぎ取られたという。主に軍事戦略に関するものが剥ぎ取られたそうで、その跡が今もアルバムに残っている。

元々は、下関市豊北町から通学していた本山大智君が、この小山正夫氏の情報を提供してくれたものである。そこで私は最初、彼に調査を勧めた。彼が数回調査をして、映像とともに報告してくれたので、私は彼の調査を応援するために、二〇一一年一一月に小山家を訪ねたのである。私はそれから三年間にわたって数回の調査を行い、写真とキャプション、日付などを整理した。

元の写真をコンピューターに取り込んで、コントラストや明るさなどを調整し、一三五枚の日中戦争の写真を鮮明に見ることができた。それを持って小山氏を訪ね、写真を壁に映し出しながら確認と説明を求める形で、自由に談話をした。小山氏の夫人も加わって、和気あいあいと話が展開した。これは私が長期間の現地調査でよく行う調査方法の一つである。

従来は、戦争や植民地というテーマで証言を聞くと、もっぱら「悲しい、悲惨な」ことが語られ、聞く方も暗い表情で、時には訊問するように証言を聞くというような、決まった形式があった。しかし私と小山氏の場合は、いわば「ラポール」が成立、つまり心理学的にいう信頼関係にある状況で、写真を見ながら話し合った。氏は明るい表情で、上海の南部において数多くの戦闘を行ったことを、堂々と証言した。戦時中でも麻雀、トランプ、花札などをした話や、中国の民間人との交渉、恋愛の話も出た。

彼は、壁に映された画像を見ながら青春時代を、そして戦争を回想した。彼は陸軍の後方から支援をする輜重兵《しちょうへい》（兵站を主に担当する日本陸軍の後方支援兵科の一種）であり、そこは三〇〇人の部隊で、二五人で内務班生活をしたという。

生々しい話が、次々と語られた。インタビューでは、私の家内と小山氏の奥さんの、女性二人が話しかける場面もあった。彼は、薄暗くした部屋で画像を見ながら、昔話のように語った。

私は多くの写真の中で、特に二枚が気になった。一つは、一人の女性の写真である。それについて彼は、「彼女だよ、夫婦になっていた」と話し、氏の奥さんは戸惑った表情をした。私は、一〇〇歳を目の前にした人物の自由な放談と理解した。

「慰安室」という慰安所

もう一枚の写真は、「慰安室」という表札のような看板が掛かっている建物の前に、二人の日本兵が立っているものであった。それについて彼は、次のように語った。（以下は、ビデオ映像から文字に起こしたものである）

慰安室ちゅうのは／慰安室、ふっふっふふ／女と一緒に寝るところ／
そりゃあるぃね、部隊じゃから／慰安室って書いてある、堂々と／
だから、強姦はしちゃあいけん／お金を出して

至るところにある／将校は将校用の女の人がいた／
将校のところ行ったらな、金が高くて入られんかった／
将校と兵隊とは給料が大違い

家を建てた人はおらんぃね／仮屋よ、仮屋／
中国の人でもな／日本人好きと思ぅたら、下《しも》の人間でも一緒になる／
日本人は少々おったもんじゃないわな／
遠くの方で「小山さーん」って言われた／
ありゃあ／相手はせん、知った者どうしはできん

そりゃあ、払うぃね／払わんこうにおかしいことしたら、日本の軍隊にやられる／
ああ、軍票／もうね、戦地はねえ、日本の金はなかった、軍票／
中国でもなんでも、みな軍票、軍票ぃね／そりゃ日本の金は使われん

わしが、たまげたのは、北京から天津に出てから／
天津におる時なぁ、女の人が来て抱きついてな／
キスをしよる、キスを、たんまげたなぁ／

それから「汚なぁ」と言うてな、水道水でゆすいだ／
そんなことがあった／そりゃあ、初めてじゃけ、たまげて／
わしゃな、女郎などそのようなことしちょろんからな

軍隊について歩きよった／
いや、外、そりゃあ、戦闘がすんだ後、敵が来んだけ／
ああ、街、街、ついて歩くのは自由ぃね／
そりゃあ、中国人、地方の人ぃや、地方の人／
ようけおるわ、日本人、中国人／ようけおった、はよう言うたら遊郭／
ありゃあ名前が書いてある、おおやけのもん

彼は「女と寝るところ」と率直に語り、その場にいた人は皆、驚いた。特に、慰安室で同じ故郷の女性と出会った話は劇的な話であった。私は「慰安室」の存在は初耳で、「慰安室」は軍の外側にあった遊郭のような施設なのか、軍の内部の下部組織であったのか、と緊張した。また、「慰安所」とはどう違うのか。

このインタビューは、権藤博志氏によってドキュメンタリー「小山伍長が撮った日中戦争」となった。この、慰安所帳場人の日記が韓国で出版されたことを知ったのは、そんな時である。

慰安所日記を読んで

私は、二〇一四年一〇月二日に、東京大学で「慰安婦帳場人の日記を読んで」という講演をした。慰安婦問題について、人類学者としての考え方を語った。

そして、釜山から船に乗ってビルマへ行き、インドとの国境の地、アキャブという大変激しい戦地でも、慰安所があったこと、ラングーンやシンガポールなどへ移りながら慰安業を営み、その人間関係のネットワークは、遠くインドネシアやボルネオなどにまで広がっていたこと、などを話した。

実際、当時の朝鮮人たちは、東ティモール地方まで人が往来しながら、女性をそこに連れて行って慰安業を行っていたことがわかる。マレーシアで食堂をやった人が、料理店をはじめ陶器屋、餅屋、お菓子屋などの商売をし、その国の人たちも巻き込んで、牧場や農園などの開発まで、あらゆるところに商売を広げていったのである。

日記を書いた朴氏は、日本帝国に忠誠を尽くした人であった。教養のある人であり、博物館に行ったり、映画をしょっちゅう見に行ったりしていた。多いときは週に二回。あちらこちらの劇場で上映、上演される日本のニュース映画や舞踊などにも、観光と勉強を兼ねて行っていた。時には占いをしてもらったこともある。

彼は、慰安業を恥ずかしい商売とは思っていなかったようである。彼らは本当に、慰安婦を「性奴隷」にしたのだろうか。

記念日などには、彼らは慰安婦たちとともに、積極的に公の行事にも参加している。人に誘われてビルマ人の遊郭にも遊びに行ったが、何もせずにそのまま帰ったのは、ちょっとビルマ人の遊郭は、自分たちの慰安所とは違うという意識を持っていたからであろう。

彼は、売上げが最高記録の日を喜んだ。「慰安所の営業ができないので退屈でしょうがない」という慰安婦もいた。彼女らは一人一人がお金をもらっており、朝鮮に送金し、確認の電報も受けとっていた。結婚していったん慰安婦の仕事から離れたあとで戻されたりした人もいたが、そのまま家庭に入った人もいて、全体としては割と自由で、映画館に行ったりもしている。

軍がコンドームを配ったりしていて、そうした衛生管理という点では、軍が関与していたと言える。だが、基本的には軍政下であり、軍が地域全体の治安などを担当していたので、そこに行くための入国許可証など、いろいろなものが必要であり、そうした意味でも、一般人と軍との協力関係があったのではないかと思われる。

こうして、日本軍の戦争には、セックスとお金が動いた。慰安所を中心に銀行預金や郵便貯金が行われた。朴氏は慰安所の経営者に頼まれ、「三万二千円」を本国の彼の実家へ送金している。これは今のレートでどれくらいの金額であろうか。様々な物価基準があるが、例えば、当時の公務員の初任給が七五円くらいであるから、それが現在では約二〇万円になるとして見積もっ

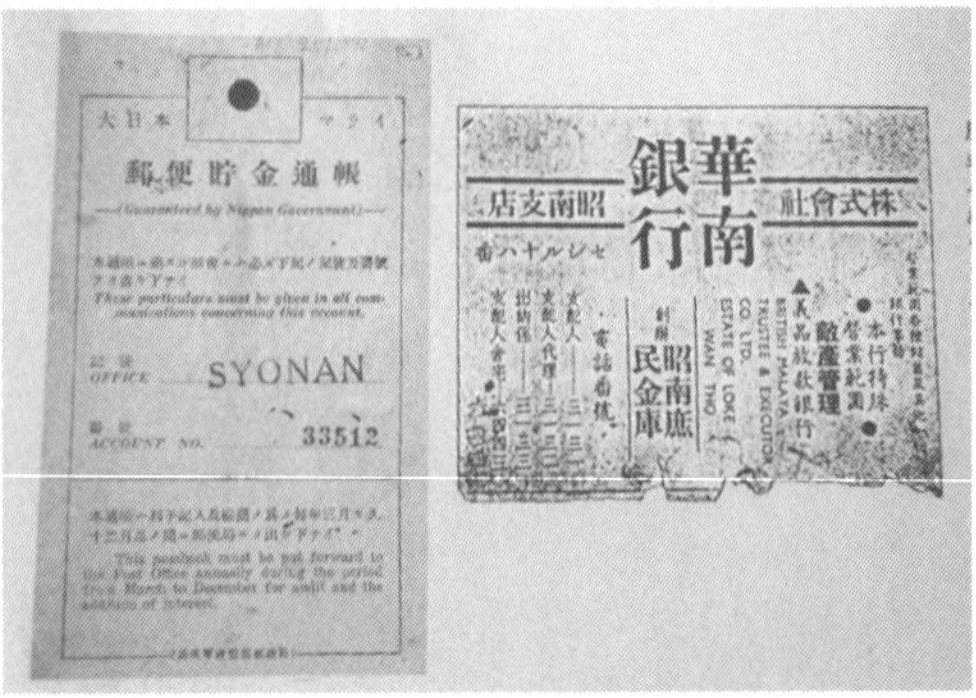

銀行の広告と郵便貯金通帳

てみる。すると当時の三万二千円は、なんと現在の八、五三〇万円ほどになる。実に、一億円近い大金が、行き来していたわけである。数多くの慰安所でこのようなやりとりがあったのだろうから、ここから、一体どれくらいのお金がその地域で動いていたのか、想像できるだろう。

日記では、正式には軍の施設に便乗したという記述が多い。なので彼らは、軍人とか軍属ではなかったと思われる。だから、軍人であれば泊まるところが決まっているはずなのに、彼らには決まった場所はなかった。個人の家を借りて使うとか、基本的には月にいくらというように家賃を支払って、食事も買って食べていた。こうした移動とか宿舎などの件を含めて考えても、やはり彼らは軍人や軍属ではなかった。

朴氏が働いていたシンガポールの慰安所、菊水倶楽部は都会の真ん中にあった。都市の真ん中に慰安所があり、軍人が訪ねて来る。経営者たちは、慰安所を売買したりした。保証金を払い、借家にしたり、買ったり売ったりした。基本的には、こうした売買によって慰安所が設立されている。ただ、軍の兵站から「慰安所を移動させなさい」という命令が来たこともあった。結局、慰安婦たちが「反対」して、すぐには移動しなかったが、移動手段はどうしたのかなど、気になる部分である。

ある時、「慰安所」という名前がつけてあるが、いま問題となっている「慰安婦」というのは、この日記に出てくる女性とは違うのではないかと質問されたことがある。そこで働いている女性たちを、「稼業婦」や「酌婦」と呼んだりしているからであろう。確かに、彼らが警察に出す文書では、「稼業婦」や「稼営業婦」という呼称を使っており、「売春婦」という言葉は使っていない。そして、全体としては、「強制連行されてきた従軍慰安婦」とは全く感じられない。実際、朴氏の日記にも、強制して連れてきたというような文脈は一つもない。なお、慰安婦は、一か所ごとに一六人から二〇人ぐらいの女性が来ていたようである。

日記を書いた朴氏は、朝鮮で代書士として仕事をして、すでにそこで売春業もやっていた人である。だから、その延長でビルマへ行ったと思われる。軍隊が彼を連れて行ったのかどうか、ということに関しても、この日記では、直接に軍が彼らを連れて行ったという印象は全くない。

各地の慰安所には、帳場人とは別に、経営者がいた。経営者というのは出資者、いわゆるスポンサーである。そこでは、経営者と帳場人（日記を書いた朴氏）には明確な区別がある。経営者らは慰安所だけではなく、軍需工場や飲食業などにも幅広く手を出しているが、朴氏は基本的に実務に専念した。彼は経営者にはなっていない。

以上が、朴氏が書いた二年間の日記から読み取れる「事実」である。

終章　――韓国は慰安婦問題を政治的なカードにすべきではない

本来は戦争中の女性の人権問題である「朝鮮人従軍慰安婦問題」が、日本、韓国、さらにはアメリカから世界に広がり、大きく政治問題化している。本文でも触れたが、最近韓国から来られたある主婦に、慰安婦に関するイメージを聞いたところ、彼女いわく、「強制連行された若い女性が、軍の部隊の中で、軍服を着ている軍人として、軍人専用にセックスを提供する仕事をさせられた」、つまり女軍、軍属だと言った。このようなイメージを持っている人は彼女だけではない。韓国ではむしろ一般的であるといえる。軍と慰安婦の関係の、基本的な意見が相反している。軍隊という組織の「中に」慰安所が所属していて、慰安婦を強制連行したのではないかというのが、彼らが挙げる論点の一つである。

あの戦争を語る上で、戦死した人々への怒りや悲しみの声より、慰安婦の悲惨さが強調されるのはなぜであろうか。性的な問題が殺人よりも残酷であるからであろうか。戦争そのものを裁判しても勝算は低いが、セックスをもって訴えると響きが良いからであろうか。ならば韓国は、その点で成功しているといえるかもしれない。

慰安婦問題をめぐる日韓の対立は、植民地の歴史や戦後の国際関係によって、両国が対照的なところに問題があるという見方がある。しかし私はむしろ、日韓の性、セックスに関する文化や価値観の違いに注目したい。その原因を私は、儒教文化圏の貞操観によると考えている。これは東アジア文化圏の広さを本質とする要因でもある。

古くは中国を中心に思想、宗教、たとえば儒教文化、漢字文化が伝播、輸入されて文化圏を形成した歴史がある。それはベトナムと東南アジアの華僑社会を含むより広い。そして、日本は儒教文化圏の外側にあると、私は考えている。そのために、個人の貞操観から国家のイデオロギー、政治や法慣習に至るまで、日韓は根本的に異なるのだと思われる。慰安婦をめぐって対立している問題も、その一例に過ぎない。

この慰安所帳場人の日記を読みながら頭から離れないのが、慰安婦と売春婦、慰安と売春の、区別、混同、混合の意味であった。当時も、慰安から売春まで幅があり、様々な表現が使われていた。

日本では、慰安、慰安所、慰安婦に関する意味やイメージは、時代や状況において異なっている。実際、今でも「慰安旅行」という言葉が使われている。しかし、肯定的な意味としての慰安所と女子挺身奉公隊をくっ付けた「慰安婦＝挺身隊」という難語が現れて以来、日韓関係を難しくしている。

では、日本軍と慰安所の関係はどうであったのか。この帳場人の日記を読むにあたって、参考になるものがある。西野留美子氏の『従軍慰安婦と十五年戦争：ビルマ慰安所経営者の証言』(明石書店、一九九三年)という本である。ここでは、日記からは知り得ない、日記の前後の状況を知りうる内容が多い。例えば、慰安所に仕事する女性を集める際の資金は業者の負担であったとか、経営者には国に対する忠誠心があり、「兵隊が休む慰安所をやってほしい」と頼まれたという証言、「昭和十七年にはまだそこには慰安所はありませんでしたが、たしか十八年に行った時にはもうありましたね」という証言などである。

同書では、「輸送の船こそ軍が手配したものの、女を集めたのも、女に金を支払ったのも、女を連れて来たのも、男の業者ですよ」と述べられている一方で、慰安婦の徴集、輸送に関して、ビルマに中国人、朝鮮人、日本人の慰安婦を連れて行ったのは「軍の指導があったからにほかならない」と言い切っている。つまり陸軍司令部が、慰安所経営の話を業者たちに持ちかけていたということである。

続く話では、日本人の斡旋業者が東南アジアに送る慰安婦を集めるため朝鮮に乗りこんだが、募集に使われた甘言は、「病院にいる負傷兵を見舞い、包帯を巻いてやり、一般的に言えば将兵を喜ばせることにかかわる仕事」であり、「多額の金銭と、家族の負債を返済する好機、それに楽な仕事と新天地という将来性」がある、という言葉であったという。そして、前借金をするときに、ある程度の、六か月から一年の「契約」が交わされたと思われる、とある。

昭和一五年の「高森部隊特殊慰安業務規程」の第一条には「本規定ハ当隊警備地区内ニ地方商人ノ営業ニ関スル件ヲ規定シ将兵殺伐ノ気風ヲ緩和調制シ以テ軍紀ヲ確立セシムルヲ以テ目的トス」と書かれている。ここでいう「地方商人」には、慰安所の慰安婦と経営者、飲食店経営者、写真屋、時計屋などがあった。将兵の慰安所利用には「花券」を購入し、「営業者ニ差出ス」として「皇軍以外ノ者ハ接客ヲ厳禁」としている。

この規定を見れば、軍との関係がいかに密接であったかが十分にわかる。したがって、慰安所が軍のものであるかのように解釈するのも、無理ではないと思われる。しかし、慰安所が軍の組織の外側にあったこと、慰安婦は軍人や軍属ではないことは、この日記を読めばわかるように、明確なのである。そして、例えばビルマのマンダレーにおいては、「軍指定軍准指定食堂慰安所」〔三二ページ参照〕に、食堂（日本料理、支那料理）、酒家、製菓、餅屋、喫茶なども指定されているのである。

もちろん、戦時における多くの国で、女性が性的暴力を受けたことはいうまでもない。アムネスティの山県順子氏は、慰安婦裁判の傍聴をし、日本は戦争賠償をせず、謝罪もなく、慰安婦に一銭も払っていないと主張した。そして、戦争や植民地支配をした日本は反省すべきであり、謝罪すべきだと言っている。彼女は、下関で判決が下った従軍慰安婦裁判（「関釜裁判」、一九九三年〜九八年）にも関わり、朝鮮人従軍慰安婦の「過酷な性労働」と「加害責任に向きあうことが重要だ」と言った。さらに、性暴行された多数の日本人女性が、韓国のように表面に現れずに黙っていることこそ、加害意識があるからだと言う。つまり「日本にも元従軍慰安婦がおり、一般人の女性も沖縄や満州からの引き上げの時に性暴行を受けているが、それを証言できないのは〝加害者〟であったという抑圧感があるからだ」というのである。

日本軍は確かに指定売春宿を置いたが、あくまでも既成の売春宿を利用し、それを国家管理のもとに置いたのであって、その意味では、主体性をもって軍慰安所を組織的に設置したといえるのかもしれない。さらにこれは、他の多くの軍隊とは決定的に異なるものであるともいえる。

戦争中と言っても、すべての軍隊が性暴行を犯すわけではない。私は、反戦平和の平和主義的社会運動も必要ではあると思うが、実際の戦争中には反戦運動をせずに黙っていて、今のように言論が自由な、平和な時になって人権意識を持ち出すというのではなく、より根本的な問題意識を持たなければならないと思っている。その上で、なぜ韓国が慰安婦、性の問題を日韓関係の政治的なカードにしているのか、それを考えなければならない。そして、「戦争における人権問題や被害の補償は、女性の性をとりあげてやるのが一番だ」という、韓国の、儒教的な貞操観を利用して政治的に煽られている状況にも、注意を喚起したい。

私は今回、平和時には反戦や人権を叫ぶが、戦争が迫ると口をつぐんだという歴史の反省に学び、政治的な制約やナショナリズムを超えて、「ありのままの事実を明らかにする」という研究者の立場を貫くことの重要性を確認した。

慰安婦が日韓関係の大きな問題になって、危険な話になっている。こうした時に、この本を世に出すことには、躊躇がないわけではない。しかし同時に、あえて出す意味があるとも思う。先般、在日の韓国民団の団長、呉公太氏により、釜山総領事館前の少女像撤去を韓国の尹炳世外務長官に申し入れるという異例の行動が行われた。私はこれを、民団からの初めての勇気ある言動と評価した。

この慰安所帳場人の日記を読みながら、私は、日韓関係の和解のための「対策」は、あえて提示しなかった。しかし、結果として、一人の人間を通して、その人の生きた生涯を、さらにその時代を、読むことができて本当に良かったと思う。時代や社会を超えて、皆が日常的に生きること、そこからメッセージを得ることは大きい。今こそ非難や中傷をやめて、素直に自己反省の生き方をすべきではないだろうか。

朝鮮戦争やベトナム戦争の際にも、売春はさかんであった。一九七〇年代、ベトナム戦争の後、売春婦は五〇万人いたという。先にも触れたように、日本は一九世紀末から、東南アジアや東アジアへセックス産業を進出させた。植民地朝鮮では妓女組合を作り、一九二〇年代には「券番」として再編した。そうした業者が戦争中、軍の近くに慰安所を置いたのであろう。それを本日記で読み取ることができた。

中国文化の影響が強い、儒教的な貞操観があるにしても、戦争と貧困にはかなわない。現在の韓国が性倫理をもって強く発言すること自体は、経済的に安定し、政治的にも安心しているという、心理的な状況を象徴するものなのかもしれない。だが、韓国は、まるで貞操の国のように振る舞い、ナショナル・アイデンティティを政治的なカードとして使っている。

性的被害をもって問題とすることは、どの国、どの民族でも可能だ。それは、性が人間にとって普遍的なものであり、人間の生存にかかわる問題であり、恥と人権にかかわることだからである。韓国が、セックスや貞操への倫理から相手を非難することは、韓国自身のことを語ることに繋がっている。つまり、それを詳しく論じることは、いつか必ず本人に戻るブーメランのようなものなのである。ただちに中止すべきであると言いたい。

参考文献

秋永芳郎『ビルマ大ジャングル戦』鱒書房、一九五六
麻生徹男『上海より上海へ――兵站病院の産婦人科医』石風社、一九九三
家永三郎『戦争責任』岩波書店、一九八五
礒永和貴、山本孝夫「陸軍看護兵『緒方惟芳』の日露戦争（1）」『東亜大学紀要』二〇号、二〇一四
板垣竜太「新旧の間で：日記からみた一九三〇年代農村青年の消費行動と社会認識」『韓国朝鮮の文化と社会』風響社二〇〇三
岩下彪『少年の日の敗戦日記』法政大学出版局、二〇〇〇
上杉千年『従軍慰安婦問題の経緯』国民会館、一九九四
太田弘毅「南方軍軍政総監部の組織と任務」『東南アジア研究』16-1、一九七八
大沼保昭『「慰安婦」問題とは何だったのか』中公新書、二〇〇七
大沼保昭・下村満子・和田春樹編『慰安婦問題とアジア女性基金』東信堂、一九九八
大森典子・川田文子『「慰安婦」問題が問うてきたこと』岩波書店、二〇一〇
川田文子「戦争と性：近代公娼制度・慰安所制度をめぐって」明石書店、一九九五

韓国女性ホットライン連合編、山下英愛訳『韓国女性人権運動史』明石書店、二〇〇四
金一勉『天皇の軍隊と朝鮮人慰安婦』三一書房、一九七六
金文淑「ビルマ・タイの前線を軍隊とともに歩いた―文玉水（仮名）さん」『朝鮮人軍隊慰安婦』明石書店、一九九二
塩川優一『菊兵団軍医のビルマ日記』日本評論社、一九九四
J・S・ファーニヴァル著、東亜研究所訳『緬甸の経済』岩波書店、一九四二
J・G・マンシニ著、寿里茂訳『売春の社会学』白水社、一九六四
ジョージ・ヒックス著、濱田徹訳『性の奴隷従軍慰安婦』三一書房、一九九五
ジョン・ラーベ著、平野卿子訳『南京の真実』講談社文庫、二〇〇〇
鈴木裕子『慰安婦問題と戦後責任』未来社、一九九六
大師堂経慰『慰安婦強制連行はなかった』展転社、一九九九
大門正克・安田常雄・天野正子編『近代社会を生きる』吉川弘文館、二〇〇三
高見順「ラングーン通信」『大東亜戦争陸軍報道班員手記』講談社、一九四二
高見順『高見順日記』第二巻ノ上、勁草書房、一九六六
武内房司「日記にみる近代日本とアジア」『日記に読む近代日本』吉川弘文館、二〇一二
田中雅一『軍隊の文化人類学』風響社、二〇一五
タン・ダム・トゥルン著、田中紀子・山下明子訳『売春―性労働の社会構造と国際経済』明石書店、一九九三
崔吉城「韓国における処女性と貞操観」『恋愛と性愛』比較家族史学会編、早稲田大学出版会、二〇〇二

崔吉城「韓国における性と政治」『アジアの性』勉誠出版、一九九九
崔吉城「朝鮮戦争における国連軍の性暴行と売春」『アジア社会文化研究』2号、広島大学大学院国際協力研究科、二〇〇一
崔吉城『韓国の米軍慰安婦はなぜ生まれたのか』ハート出版、二〇一四
鄭大均『在日・強制連行の神話』文春新書、二〇〇四
ドナルド・キーン著、角地幸男訳『日本人の戦争』文春文庫、二〇一一
長門市編『歴史の証言─海外引上げ50周年記念手記集』一九九五
西岡力『朝日新聞「日本人への大罪」』悟空出版、二〇一四
西野留美子『従軍慰安婦と十五年戦争─ビルマ慰安所経営者の証言』明石書店、一九九三
日本の戦争責任資料センター編「吉見義明発言」『シンポジウム─ナショナリズムと「慰安婦」問題』青木書店、一九九八
野上元『戦争体験の社会学』弘文堂、二〇〇六
朴裕河『帝国の慰安婦』朝日新聞出版、二〇一四
秦郁彦『慰安婦と戦場の性』新潮選書、一九九九
帚木蓬「巡回慰安所」『蛍の航跡：軍医たちの黙示録』新潮文庫、二〇一一
藤井忠俊・新井勝紘編『人類にとって戦いとは③』東洋書林、二〇〇〇
平和祈念事業特別基金『海外引揚者が語り継ぐ苦労』14、二〇〇四
峰岸賢太郎『皇軍慰安所とおんなたち』吉川弘文館、二〇〇〇
森川万智子『文玉珠　ビルマ戦線盾師団の「慰安婦」だった私、教科書に書かれなかった戦争』梨の木舎、一九九六

山下明子『戦争とおんなの人権』明石書店、一九九七
山本和夫「シャン高原」『大東亜戦争陸軍報道班員手記』講談社、一九四二
尹明淑『日本の軍隊慰安所制度と朝鮮人軍隊慰安婦』明石書店、二〇〇三
吉見義明『従軍慰安婦資料集』大月書店、一九九二
和田春樹「慰安婦問題の歴史を考える」大沼保昭・下村満子・和田春樹編『慰安婦問題とアジア女性基金』東信堂、一九九八

〔韓国〕

安秉直『日本軍慰安所管理人の日記（일본군 위안소 관리인 일기）』イスプ出版社、二〇一三
金英喜「日帝末期郷村儒生の日記に反映された現実認識と社会相」『韓国近現代史研究』景仁文化社、二〇〇〇
金龍徳「婦女守節考」『李朝女性研究』淑明女子大学校亜細亜女性問題研究所、一九七六
崔吉城「韓国の貞操観」『韓国人類学の成果と展望』集文堂、一九九八
朴珠『朝鮮時代の旌表政策』一潮閣、一九九〇

〔その他〕

Association of Myanmar Architects, *Heritage Buildings of Yangon*, 2012
Choi Kilsung, *The Origins of the US Army's Korean Comfort Women* translated by MOTEKI Hiromichi, 2015
Clive J. Christie, *A Modern History of South East Asia*(At the Frontier of the Islamic World: the Arakanese Muslims)Tauris Academic Studies I.B.Tauris Publishers, Institute of Southeast Asian Studies Singapore, 1996.
Ernest C.T.Chew and Edwin Lee ed. *A History of Singapore*, Oxford Universty Press, 1991

G.E.Harvey, *History of Burma*, Fran Cass & Co.Ltd, 1967

Iris Chang, *The Rape of Nanking: The Forgotten Holocaust of World War II*, Penguin Books,1998

James Francis, Warren, *AHKU and KARAYUKI-SAN:Prostitution in Singapore 1870-1940*, Oxford University Press, 1993

Lynda Nead, *Myths of Sexuality*, Basil Blackwell, 1988

Patricia Whelehan, *An Anthropological Perspective on Prostitution: The World's Oldest Profession*, The Edwin Mellen Press, 2001

Richard Bernstein, *The East, The West, and Sex*, Vintage Books, 2009

Ronald Weitzer, *Legalizing Prostitution from Illicit Vice to Lawful Business*

The Cambridge History of Southeast Asia　Cambridge University Press, 1992

Time Editions, The Japanese Occupation 1942-1945, National Archives of Singapore, 1996（リー・ギョク・ボイ著、越田稜監訳『日本のシンガポール占領』凱風社、二〇〇七）

Yoo, Cholin. Life Histories of Two Korean Women Who Marry American GIs. Ph.D. dissertation. University of Illinois at Urbana-Champaign, 1993.

偕行社　記事特号　第八一三号付録『大東亜戦争記事』一九四二

陸軍省監修「戦記映画復刻版シリーズ14　ビルマ戦記」一九四二

フローリアン・ガレンベルガー監督・脚本「ジョン・ラーベ～南京のシンドラー～」二〇〇九

◆著者◆
崔 吉城（チェ キルソン）
東亜大学人間科学部教授、広島大学名誉教授、東亜大学東アジア文化研究所所長
1940年6月17日　韓国京畿道楊州に生まれる
1963年8月　国立ソウル大学師範学部国語教育学科卒業
1985年3月　筑波大学文学博士
専攻は文化人類学
著書に『韓国の米軍慰安婦はなぜ生まれたのか』（ハート出版）『韓国のシャーマン』福留範昭・訳（国文社）、『韓国のシャーマニズム』（弘文堂）、『韓国の祖先崇拝』重松真由美・訳（御茶の水書房）、『恨の人類学』真鍋祐子・訳（平河出版）、『韓国民俗への招待』（風響社）、『これでは困る韓国：ニューカマー韓国人との対話』呉善花・共著（三交社）、『親日と反日の文化人類学』（明石書店）、『哭きの文化人類学：もう一つの韓国文化論』舘野晳・訳（勉誠出版）、『樺太朝鮮人の悲劇：サハリン朝鮮人の現在』（第一書房）、『映像が語る植民地朝鮮』（民俗苑）、『雀様が語る日本』（新典社）がある。

公式サイト「崔吉城ホームページ」http://www.choikilsung.net/
公式ブログ「崔吉城との対話」http://blog.goo.ne.jp/dgpyc081

朝鮮出身の帳場人が見た慰安婦の真実

平成 29 年 11 月 29 日　第 1 刷発行

著　者　崔　吉城
発行者　日高裕明
発　行　株式会社ハート出版

〒 171-0014 東京都豊島区池袋 3-9-23
TEL.03(3590)6077　FAX.03(3590)6078
ハート出版ホームページ　http://www.810.co.jp

定価はカバーに表示してあります。

ISBN978-4-8024-0043-5　C0021
乱丁・落丁本はお取り替えいたします。ただし古書店で購入したものはお取り替えできません。

印刷・中央精版印刷株式会社

韓国の米軍慰安婦は なぜ生まれたのか

「中立派」文化人類学者による告発と弁明

崔 吉城 著

ISBN978-4-89295-990-5　本体 1500 円

竹林はるか遠く
続・竹林はるか遠く

ヨーコ・カワシマ・ワトキンズ 著＆監訳　都竹恵子 訳

ISBN978-4-89295-921-9、978-4-89295-996-7　本体各 1500 円

大東亜戦争は日本が勝った

英国人ジャーナリスト ヘンリー・ストークスが語る「世界の中の日本」

ヘンリー・S・ストークス 著　藤田裕行 訳・構成

ISBN978-4-8024-0029-9　本体 1600 円

なぜ大東亜戦争は起きたのか？ 空の神兵と呼ばれた男たち

インドネシア・パレンバン落下傘部隊の記録

髙山正之・奥本 實 共著

ISBN978-4-8024-0030-5　本体 1800 円

日本人を精神的武装解除するためにアメリカがねじ曲げた日本の歴史

歪められた言論空間を打ち砕く国際派学者による歴史認識の神髄

青柳武彦 著

ISBN978-4-8024-0038-1　本体 1600 円

敗走千里

GHQに隠蔽された日中戦争の真実。100 万部超の名著を完全復刻！

陳 登元 著　別院一郎 訳

ISBN978-4-8024-0039-8　本体 1800 円